LA LIBERTÉ DE DIEU

LAURENT ULRICH

LA LIBERTÉ DE DIEU

Un chemin de joie

LES ÉDITIONS DU CERF

www.editionsducerf.fr
24, rue des Tanneries
75013 Paris

ISBN : 978-2-204-16790-1

« Fils d'homme,
je fais de toi un guetteur »

Ez 3, 17

L'incendie de Notre-Dame de Paris

Désormais, il nous est permis de nous réjouir, Paris va retrouver sa cathédrale ! Quel sera notre regard sur cet événement ? L'incendie de Notre-Dame ne nous invite-t-il pas à redécouvrir de nouvelles relations à la religion et à la foi ? Cette circonstance historique ne nous sollicite-t-elle pas à renouveler nos façons d'entrer en dialogue avec nos contemporains ? Je voudrais, en ces quelques pages, essayer bien modestement de prendre en compte ces questions.

Certes, les séquelles de cet incendie demeureront longtemps dans nos appréhensions. Qui pouvait l'imaginer ? Pour ma part, je l'ai appris quelques instants après son déclenchement, la flèche n'était pas encore tombée. C'était le lundi saint 2019. Je n'étais pas à Paris, mais archevêque de Lille. Je me préparais à célébrer la messe chrismale du lendemain et la consécration des saintes huiles employées pour les sacrements. Il faisait très beau ce jour-là, je rentrais d'une promenade à vélo. J'ai alors pris connaissance de plusieurs messages disant : « Notre-Dame brûle. »

Comment ai-je réagi ? Cette question me fut souvent posée quand je suis arrivé à Paris. Cet incendie spectaculaire était un événement si particulier pour Paris comme pour la France. Et nous en avions tous le souffle coupé. J'ai toujours en mémoire les images de cette catastrophe nationale. Je les associe à celles du film de Jean-Jacques Annaud sans bien distinguer les unes des autres. Devant mon écran de télévision je voyais les gens prier alors que la flèche tombait. Une foule considérable s'était spontanément rassemblée sur les quais, dans les rues avoisinantes et manifestait son émotion. Il ne s'agissait pas là d'un moment banal.

Une Église soudainement élargie

J'ai beaucoup apprécié la façon dont Jean-Jacques Annaud associe dans son film le feu à la prière des foules. Je me disais alors : tous ces gens, les voyons-nous régulièrement dans les églises ? Et pourtant, la vie de l'Église c'est aussi la vie ordinaire de ces personnes. Par leur simple présence elles témoignent que tout ne se dissimule pas dans le brouillard de l'indifférence et du bien-être. Soudainement, une communauté humaine inattendue se dévoilait sous nos yeux. Elle était plus étendue que celle qui se manifeste effectivement dans nos assemblées. En voyant cette foule bouleversée qui se regroupait le long des quais de la Seine, je pensais à cette expression de l'évangéliste Luc : *Je vous le dis, s'ils se taisent, les pierres crieront*[1]. Les spectateurs de ce drame qui se rassemblaient ne priaient pas uniquement pour que Dieu change le cours des événements mais, sans doute de manière inconsciente, pour que tout le monde tienne bon face à l'imprévisible, pour que la tour nord de la cathédrale résiste et que la vie des sapeurs-pompiers soit préservée ! Tous semblaient emportés dans un sursaut spirituel. Et pour nous, chrétiens, c'était un événement de plus qui venait brutalement troubler et fragiliser la vie de notre Église : un fait historique et un fait culturel.

Un tel sursaut, s'exprimant de cette manière, était visiblement plus large et plus diffus que le témoignage des croyants réunis dans les églises. Soulignant cela, je n'ai pas l'intention de saisir ce fait culturel pour augmenter facticement le nombre des fidèles, et moins encore pour convaincre les foules de venir à nous contre leur gré ! Je constate en faisant écho à tant de commentaires médiatiques que dans le cœur des hommes d'aujourd'hui on peut déceler une richesse spirituelle plus sensible qu'il n'y paraît ! Ces occasions portent en elles des événements symboliques forts, heureux ou douloureux, qui remettent en cause les réflexes de notre société fascinée par les prouesses encore mal cernées de l'intelligence dite artificielle.

1. Luc 19, 40.

Dans cette perspective se découvre l'intérêt inattendu, fragile j'en conviens, que traduit et suscite une telle situation face à la religion et à la foi. Dans l'effervescence de l'événement, le projet de reconstruire aussitôt notre cathédrale s'apparentait à un pari inconscient et improvisé ! L'histoire nous convoque néanmoins à la prudence. Il suffit de se souvenir des accidents comparables et fréquents dans l'histoire de tant d'autres cathédrales qui tous furent dépassés et souvent avec persévérance et entrain. À Notre-Dame, dès 1842, s'amorçait une profonde entreprise de rénovation. Son état était alors très délabré et s'élevaient des voix qui mettaient en cause l'utilité de cet édifice… malgré la permanence en ce lieu du culte catholique depuis le début du XIIIe siècle.

Aurions-nous oublié le constat des évangélistes Matthieu (9, 17), Luc (5, 37-38), Marc (2, 21), qui nous invitent à regarder, comme le rappelait Mgr Bernard Podvin dans les conférences de carême 2023, comment « Dieu fait du neuf avec du vieux » ? En faut-il un exemple criant ? Cette mobilisation inouïe entraînée par le chantier de reconstruction réparti en de nombreux ateliers sur toute la France en est un. Elle a favorisé la concentration – si rare – de tant de métiers divers, elle a mobilisé près de deux mille acteurs ; certains se sont proposés eux-mêmes pour y contribuer, d'autres ont été enchantés de pouvoir développer leur métier d'art, et d'autres encore ont exprimé la ferveur avec laquelle ils s'adonnent à cette tâche exaltante ! Il faut ajouter à cela l'engagement des pompiers apportant le témoignage d'un héroïsme tellement éloquent ! Oui, me semble-t-il, une nouvelle étape que je qualifierais de populaire, s'est vécue entre l'Église et la société française à l'occasion de l'incendie et de la reconstruction de Notre-Dame…

Une brèche dans l'indifférence

Ainsi se distingue une autre vision des choses, moins dominée par cette immédiateté qui fascine notre société. C'est toujours avec recul et distance que l'on discerne l'impact des événements vécus dans les émotions débordantes.

L'Église s'y est habituée. C'est aussi ce qui se produit si souvent à l'égard des papes. Dans le moment où ils s'expriment, on réagit en fonction des émotions, des modes en vigueur et les critiques s'enflamment ! Je pense aux commentaires qui accompagnèrent les différents pontificats, de Léon XIII, en fonction durant vingt-cinq ans. Des surprises de saint Jean XXIII qui bouleversa tant de choses en un pontificat si court – un pontificat de transition – à saint Jean-Paul II, charismatique contesté au message puissant. Benoît XVI, également si critiqué, n'a pas manqué de donner de l'élan aux jeunes.

Comment comprendre l'Église, si on oublie qu'elle est universelle ? Il est indispensable de mondialiser le propos. Notre spontanéité française ne s'y prête guère. Volontiers prompte à la critique, elle se croit affranchie à l'égard des religions et des institutions, contrairement à une atmosphère mondiale qui leur est moins indifférente. Je pense souvent à Jean-Claude Guillebaud, grand reporter, qui a couvert un grand nombre d'événements douloureux de la planète et qui évoquait le « syndrome » de Roissy. Lorsqu'il revenait en France, reprenant le taxi, et écoutant la radio, il soulignait combien il se retrouvait comme repris par l'étau du pessimisme national. Et il songeait aux gens qu'il venait de rencontrer, aux prises avec des situations dramatiques et tragiques et qui, malgré le contexte dangereux et précaire de leur vie, demeuraient enthousiastes. En écoutant les informations françaises, il retombait dans des préoccupations immédiates, dans des combats d'un quotidien assombri à l'excès, tandis qu'il venait de côtoyer des populations luttant courageusement et parfois même joyeusement pour leur survie. Jean-Claude Guillebaud appelle cela le « goût de la vie vivante », loin de toute indifférence.

L'incendie ravageur de Notre-Dame de Paris a révélé soudain que cette indifférence peut être trouée en quelque sorte, traversée par les circonstances. L'indifférence n'est pas définitivement installée ! « Notre-Dame c'est aussi une présence maternelle », déclarait le poète académicien François Cheng à la télévision. Et si maintenant, après cette épreuve, nous redécouvrions la puissance d'attraction de Notre-Dame, de la dévotion médiévale de la Vierge au pilier à la conversion de Paul Claudel le 25 décembre 1886 ! Que d'événements forts et historiques se déroulèrent dans cette cathédrale.

Un sursaut spirituel

Veut-on un autre exemple du sursaut spirituel que je vois à l'œuvre aujourd'hui ? Les lettres personnelles des catéchumènes et des confirmands adultes – ils sont un millier chaque année à Paris – que je lis ne font pas état de cette indifférence qui caractériserait notre temps. On y voit plutôt cet « incroyable besoin de croire » évoqué par la psychanalyste et femme de lettres Julia Kristeva. Pour ma part, je n'ai jamais ressenti cette indifférence de la croyance, même si je sais qu'elle existe ! Je vois bien, certes, que ce n'est pas toujours mon ministère de prêtre qui touche mon interlocuteur, mais l'intérêt que je porte avec lui pour la culture ou l'actualité.

Habiter les églises

Le moment est venu de reconsidérer Notre-Dame comme un témoignage de Dieu dans Paris, avec ses 260 églises et chapelles catholiques regroupées en 106 paroisses. Malraux avait raison de dire que le domaine où le divin est bien visible, c'est l'art. Je me permets d'ajouter la charité, qu'il avait oubliée. Du reste, l'intérêt pour les bâtiments d'églises au cœur de tant de villes n'est pas neutre. En témoigne une tribune signée par plus d'une centaine de parlementaires, parue dans le *JDD* en février 2023. Sans faire appel à la foi, elle sollicite le concours des pouvoirs publics pour sauver les églises du monde rural. Et elle manifeste l'intérêt des élus pour les édifices religieux, qu'il faut sauver alors qu'ils détiennent autant d'objets que les catalogues du Louvre ! Ils constituent, selon ces élus, « l'âme de la France ». Avec nos églises en France, nous pourrions dépasser ce nombre de références et de lieux culturels. De ce point de vue, j'ai interprété cette tribune comme le signe encourageant que les églises étaient bien perçues et pas seulement réduites à leur apport culturel. Elles demeurent des lieux qui élèvent l'âme. Une simple visite peut aider à fortifier la vie spirituelle.

C'est pourquoi, depuis que je suis évêque, je demande que les églises soient toujours des lieux ouverts : elles ne sont pas réservées aux seuls catholiques ! Nous devrions éviter de réagir par peur des cambriolages en ne les ouvrant qu'aux heures des offices. J'ai reçu beaucoup de témoignages de la part de visiteurs occasionnels. En entrant dans une église, ils y ont trouvé la paix. Parfois cette démarche peut être décisive : elle amène certains à redécouvrir la foi de leur baptême et d'autres à le demander. Dans les églises s'exprime le témoignage de notre foi, et c'est une responsabilité que les chrétiens doivent prendre au sérieux. La prière des chrétiens est ouverte sur le monde. Les églises sont les lieux d'une histoire priante de la transmission de la foi chrétienne. Mon prédécesseur, le cardinal Jean-Marie Lustiger, a beaucoup contribué à renforcer ce sentiment. C'est avec plaisir que j'ai moi-même inauguré des églises restaurées après d'importants travaux.

Je repense ainsi, par exemple, à la célébration de la fête de Notre Dame de Lourdes dans une église du vingtième arrondissement sise au rez-de-chaussée d'un immeuble. Elle serait presque invisible de la rue si l'un des curés n'y avait ajouté des vitraux et le nom de l'église en lettres lumineuses. L'église était bondée ce jour-là ; après la messe, nous sommes allés en procession jusqu'à l'église du Cœur eucharistique ; il y avait des gens aux fenêtres, tous respectueux. La procession est l'expression de la piété des chrétiens et aussi de leurs liens avec les habitants de leur quartier.

C'est un geste qui peut interroger, mais peut aussi être signifiant. Il fut reçu comme tel par le voisinage : comme le signe d'une religion populaire non éteinte, loin de là. Personnellement, je crois que Dieu fait signe à tous les hommes, notamment les malades, les pauvres et les affligés, celles et ceux qui sont dans la peine. Tel est, je crois, l'état d'esprit dans lequel respire et agit la jeune génération : elle se donne à de multiples services chrétiens ou humanitaires.

Notre-Dame, symbole de l'amitié avec les artistes

Il est à l'évidence difficile et complexe de parler au monde actuel qui utilise une vaste panoplie de langages différents, et nous aussi nous avons une langue, un langage ecclésiastique. Nous devons d'ailleurs nous méfier de ce jargon car il peut bloquer des relations, compliquer les conversations. Il faut alors s'habituer à parler en plusieurs langues. Il y a là un effort culturel et aussi spirituel à fournir et j'essaie de m'y entraîner : j'ai eu un professeur en Faculté de théologie qui recommandait à ses étudiants d'apprendre à parler des mêmes choses devant des publics différents.

Pour favoriser ce dialogue culturel, la relation avec les artistes est importante à cultiver, et ce à travers toutes leurs formes d'expression. Cette attention significative doit être promue, défendue. S'adressant aux artistes, Benoît XVI leur avait rendu cet hommage : « Chers artistes, vous êtes les gardiens de la beauté[1]. » Avant lui, le pape Paul VI, lui-même grand amateur d'art, avait adressé un message mémorable aux artistes lors de la clôture du concile Vatican II :

> L'Église a dès longtemps fait alliance avec vous. Vous avez édifié et décoré ses temples, célébré ses dogmes, enrichi sa liturgie. Vous l'avez aidée à traduire son divin message dans le langage des formes et des figures, à rendre saisissable le monde invisible. Aujourd'hui comme hier, l'Église a besoin de vous et se tourne vers vous. [...] Ce monde dans lequel nous vivons a besoin de beauté pour ne pas sombrer dans la désespérance. La beauté, comme la vérité, c'est ce qui met la joie au cœur des hommes, c'est ce fruit précieux qui résiste à l'usure du temps, qui unit les générations et les fait communier dans l'admiration. Et cela par vos mains[2]...

La cathédrale Notre-Dame est un lieu particulièrement choisi pour célébrer « l'amitié entre les artistes et l'Église ». C'est la perspective qui s'est imposée à moi quand je suis arrivé à l'archevêché de Paris. Dans quel sens allait-on reconstruire Notre-Dame ? J'ai

1. Discours du pape Benoît XVI, Rencontre avec les artistes, chapelle Sixtine, 21 novembre 2009.
2. Message du pape Paul VI aux artistes, Clôture du concile Vatican II, 8 décembre 1965.

eu souvent à répondre à l'expression d'une certaine crainte : Notre-Dame allait-elle devenir essentiellement un objet culturel ? Je réponds à cette inquiétude compréhensible : Notre-Dame est d'abord un lieu de prière pour les catholiques qui viennent y célébrer leur foi depuis la fin du XIIe siècle. Mais cette cathédrale est aussi le lieu où les chrétiens accueillent le monde entier dans un esprit d'universalité ! Il ne s'agit pas de s'intéresser seulement aux travaux, même si ceux qui les mènent méritent attention, considération et admiration. Mais on ne saurait oublier que Notre-Dame est un bâtiment public affecté au culte catholique ; par voie de conséquence, ce sont aussi les chrétiens qui lui apportent sa signification profonde par leur témoignage de foi et qui donnent vie à ses pierres. Pour illustrer cette réalité spirituelle vivante de Notre-Dame, je veux ici souligner la contribution apportée par la Maîtrise de Notre-Dame et l'association Musique sacrée : grâce à elles, nous avons mille deux cents occasions chaque année de chanter notre foi en assemblée ! Joseph Samson, laïc et magnifique maître de chapelle de la cathédrale de Dijon de 1932 à 1957, parlait de sa « cathédrale enchantée ».

Le document de synthèse de la réflexion synodale effectuée dans le diocèse de Paris, en 2022, insiste beaucoup sur l'importance de la liturgie : elle mérite, y lit-on, d'être soignée dans le moindre détail car elle est la porte d'accès au mystère de Dieu ! De ce point de vue, j'ai été frappé par cette recherche, ici à Paris, de la qualité liturgique. Fruit d'une action pastorale soutenue par mes prédécesseurs, la liturgie est aujourd'hui bien vivante et adaptée. Dans le cadre du réaménagement du mobilier liturgique, spécialement les cinq objets que sont l'autel, l'ambon, la cathèdre, le tabernacle et le baptistère, j'ai lancé un concours auquel ont participé soixante-dix artistes parmi lesquels des agnostiques et des incroyants. On a besoin des artistes contemporains pour réveiller notre vitalité spirituelle. Notre-Dame est aussi un haut lieu d'art liturgique !

Ce que les pierres disent

On revient ici aux effets indirects et inaperçus de l'incendie de la cathédrale avec sa flèche qui monte vers le ciel… Des milliers, des millions de visiteurs vont pouvoir revenir visiter la cathédrale, et regarder cette flèche. Voilà qui nous incite à développer une pastorale qui oriente de nouveau nos yeux vers le ciel. Je cite le livre de l'historien italien Andrea Riccardi, fondateur de la communauté Sant'Egidio. Il souligne les contrastes à saisir de l'incendie de Notre-Dame. Notre-Dame symbolise bien toute l'histoire de l'humanité qui a toujours cherché à lever les yeux vers le ciel, qui interroge le ciel. Notre-Dame occupe une place singulière : « Un peuple qui revient chanter dans les églises, et qui retrouve dans la crise la capacité de se réjouir et de pleurer, n'est plus dans la zone d'ombre du couchant ; il s'éveille aux fragiles lueurs de l'aurore qui vient[1]. »

Si les chrétiens ne trouvent pas bien les mots aujourd'hui pour évoquer le ciel, un édifice comme celui-là parle au monde qui est représenté dans ce lieu. Les pierres parlent ! L'Écriture parle. Toute l'histoire chrétienne, judéo-chrétienne est racontée par les vitraux, par les sculptures, les reliefs autour du chœur. L'Ancien, le Nouveau Testament. Les expressions diverses de l'art évoquent ce récit de l'ouverture du monde vers le ciel, vers le don de Dieu, vers la liberté de Dieu, vers l'avenir, la vie, la vie vivante. Toute cette histoire est là, à Notre-Dame. Mais il faut en percer le mystère. L'Église essaie de le faire comprendre par les échappées de lumière, les vitraux, les roses qui racontent tant d'événements, le vitrail qui filtre la lumière et qui appelle la lumière. Je pense que la pastorale peut et doit s'appuyer beaucoup sur les images, sur la sculpture, ces fenêtres ouvertes sur le ciel et sur la lumière qui vient du ciel.

Une lumière remplit toute la liturgie de l'Église. Dans cette cathédrale rénovée, nous serons invités aussi par le très beau reliquaire de la Sainte

---

1. Andrea Riccardi, *L'église brûle*, Paris, Cerf, 2022, conclusion, page 323.

Couronne, la couronne d'épines. Elle sera présentée, et plus accessible qu'auparavant, alors qu'elle n'était exposée que le premier vendredi du mois et les vendredis de carême. Ce très bel environnement autour du reliquaire créera un signe très fort, un appel à l'étonnement, à la contemplation spontanée. Comme la grande croix de Couturier épargnée par les flammes… si visible dès l'entrée, au fond du chœur. Enfin, le visage maternel de Marie, Notre Dame de Paris, retrouvera sa place au pilier. Tout cela, ce sont des œuvres qui parlent d'elles-mêmes. Parfois, on a pu entendre des guides touristiques étrangers à notre culture chrétienne dire qu'il y a plusieurs dieux chez les chrétiens, en montrant la Vierge Marie ! Je fais plutôt le pari que le mystère de la foi peut se révéler lui-même à travers le regard posé sur ces chefs-d'œuvre. Et j'espère aussi que le nouveau mobilier liturgique : baptistère, autel, ambon, cathèdre et tabernacle, saura exprimer, par sa noble sobriété, conforme à la demande du concile Vatican II[1], la force du mystère du don de Dieu aux hommes, le don de la vie du Christ. Tout en ce lieu sacré appelle à une certaine vision du ciel.

1. « Les ordinaires veilleront à ce que, en promouvant et favorisant un art véritablement sacré, ils aient en vue une noble beauté plutôt que la seule somptuosité », Vatican II, Constitution sur la sainte liturgie *Sacrosanctum concilium*, 1965, chapitre 7 sur l'art sacré et le matériel du culte, § 124.

Apercevoir l'image du ciel

Lors d'une conférence en octobre 2019 à l'université catholique de Lille, j'avais proposé cet angle de vue : « Qu'est-ce qui manque, s'il n'y a pas le Ciel ? » Les catholiques auraient-ils trop les pieds dans le sol, oubliant qu'ils sont aussi des « citoyens du Ciel », selon la formule de l'auteur anonyme de la lettre à Diognète, écrite au IIe siècle de notre ère ? De ce point de vue, je m'inquiète autant de l'éventuelle autosuffisance des catholiques que de l'autosuffisance de l'homme contemporain. Le pape François critique beaucoup l'autoréférentialité, c'est-à-dire le parti pris de ceux qui se réfèrent à leur propre expérience au lieu de s'ouvrir à la différence des autres et à l'universel. J'y vois aussi un signe de notre époque à être autoréférentielle et autosuffisante sur ses découvertes scientifiques, techniques et sur sa capacité à résoudre les problèmes de l'humanité par elle-même ! Serions-nous ainsi capables de résoudre toutes les questions qui se posent à notre humanité ? Serions-nous à ce point capables de maîtriser la vie en son début et à sa fin ?

Le pape François insiste :

> Cela doit nous faire réfléchir sur un aspect très souvent négligé dans la mentalité actuelle, technocratique et recherchant l'efficacité, mais décisif pour le

développement personnel et social : le « sens de la limite ». En effet, l'être humain, mortel par définition, pensant dépasser toutes les limites grâce à la technique, risque, dans l'obsession de vouloir tout contrôler, de perdre le contrôle de lui-même ; dans la recherche d'une liberté absolue, de tomber dans la spirale d'une dictature technologique. Reconnaître et accepter ses limites de créature est pour l'homme une condition indispensable pour obtenir, ou mieux accueillir, la plénitude comme un don. Au contraire, dans le contexte idéologique d'un paradigme technocratique, marqué par une présomption prométhéenne d'autosuffisance, les inégalités pourraient croître de manière disproportionnée, le savoir et la richesse s'accumuler dans les mains de quelques-uns, avec de graves risques pour les sociétés démocratiques et la coexistence pacifique[1].

Autoréférentialité et autosuffisance

Cette autoréférentialité mène à l'autosuffisance : « Je suis capable de fabriquer les descendants que je veux, et je suis capable de mettre fin, quand il me plaît, à ma vie. » Vraiment, il y a là quelque chose qui me paraît déplacé, bien exagéré. Le risque de certains chrétiens, c'est aussi de se comporter de la sorte, bien sûr, et d'oublier, en effet, le Ciel. Et de ne plus savoir comment en parler. Un auteur avait

1. Message du pape François pour la 57e journée mondiale de la paix, 1er janvier 2024, Intelligence artificielle et paix, extrait § 4.

dit et répété : on a eu l'impression que pendant une période l'Église avait perdu l'objectif crucial d'être celle qui nous parlait des fins dernières.

Or, les événements humains, les accidents, la guerre et la paix entre les hommes, l'Évangile en fait constamment les lieux de l'annonce du Salut. C'est pourquoi il faut souligner que, lorsqu'on aborde bien des sujets de la vie du monde et de la vie des gens, on ne déserte pas le Ciel pour autant. Certes, les chrétiens n'ont pas assez de mots pour parler du Ciel aujourd'hui avec un vocabulaire adapté, et libéré des représentations surannées et dépréciatives. Ce serait pourtant si important pour la vie du monde et pour se libérer de l'autoréférentialité et de l'autosuffisance ! Prenons davantage le temps de penser, de considérer qu'en dépit des apparences, des réticences, de son langage même, l'Église témoigne du Ciel au cœur du monde, à travers sa prière, sa liturgie, ses églises ouvertes et les œuvres d'art qu'elles contiennent… tout cela, ne nous y trompons pas, parle de la vie présente et à venir.

On peut reprendre l'exemple des visiteurs touchés par le mobilier artistique qu'ils découvrent dans les églises. L'art parle en effet plus vite qu'on ne le croit. Certains visiteurs ont même parfois le sentiment d'être transpercés par ce qu'ils voient dans les églises. C'est la force du pouvoir symbolique des œuvres d'art. Je m'inspire pour dire cela du constat et de la pensée du philosophe François Jullien[1], un auteur non-chrétien et un penseur suggestif qui parle des « ressources du christianisme ». Il faut admettre que parfois, pour parler du Ciel, nous, chrétiens, pourrions justement faire un détour par la culture contemporaine, pour essayer de trouver des expressions, des mots qui intéressent et touchent nos contemporains.

Pourquoi donc, en suivant l'axe de la flèche de Notre-Dame, chercher à fixer notre regard vers le ciel, si ce n'est pour y déceler la présence de Dieu ? Un Dieu libre qui veut nous rendre libres. Je reconnais que la liberté de Dieu est une notion philosophique et théologique qui a priori n'apporte guère de faveurs immédiates à la vie quotidienne ! Cette notion est pourtant porteuse d'une grande richesse spirituelle. J'avoue aimer l'enseigner aux catéchumènes ou aux confirmands adultes, et bien sûr à tous ceux et celles qui répondent à des vocations particulières dans la mission de l'Église.

J'aime en parler, oui, en regard de l'acte même de la Création de notre univers. Acceptons d'entendre la question banale qui nous est souvent posée : pourquoi notre monde existe-t-il ? Pourquoi peut-on penser qu'il y a une vie devant nous plutôt que le néant ? Oui, Dieu aurait pu ne pas créer notre univers. Cette

---

1. François JULLIEN, *Ressources du christianisme*, Paris, L'Herne, 2018.

question traverse toute l'histoire de la philosophie. C'était ainsi la question formulée par G. W. Leibniz (1646-1716) : pourquoi existe-t-il quelque chose plutôt que rien ?

1

Parlons de la liberté de Dieu

Pour les croyants, la liberté de Dieu se manifeste par cette liberté que Jésus nous invite à préserver, à cultiver dans notre propre existence. Il s'agit de ne pas faire n'importe quoi, mais d'être librement nous-mêmes, en nous laissant saisir chaque jour, à chaque instant, par cet appel sans cesse renouvelé à la liberté.

Le premier geste de la Création relaté dans la Bible est formulé ainsi : *Dieu dit et cela fut*. N'y a-t-il pas là un signe de liberté totale telle que les humains peuvent la concevoir ? La parole de Dieu crée, mais ce n'est pas une nécessité philosophique. C'est un acte effectif de liberté que de créer. S'ensuivent tous les autres actes de liberté que l'écriture biblique appelle les alliances de Dieu avec le peuple qu'il s'est choisi, avec Adam, avec Noé, avec Abraham, avec Moïse : c'est l'alliance que Dieu choisit avec son peuple pour que celui-ci devienne témoin de sa liberté. Dieu accepte les actes de liberté successifs de son peuple, même ceux qui lui sont défavorables. C'est pourquoi on peut dire aussi que quand il fait alliance, il choisit d'admettre même un peuple qui ne lui soit pas fidèle. Le Seigneur choisit, comme dit le concile Vatican II en reprenant des paroles de l'Écriture, de « s'adresser aux hommes comme à des amis[1] ». On peut voir ainsi les étapes franchies par cette liberté : de la liberté de créer le monde et l'homme en faisant alliance, jusqu'à la renonciation au châtiment contre les hommes devenus infidèles, avec l'épisode, par exemple, de la fin du déluge. La parole de Dieu est créatrice, mais plus encore, elle entretient une relation tout à fait unique et originale avec les hommes. Et cette liberté-là accepte même que les commencements qu'elle fonde puissent entraîner des événements contrariants. Et pour l'homme une lutte incessante de libération des chaînes qu'il s'impose.

Dieu laisse l'homme libre de converser avec lui

C'est dans cet esprit que l'on peut dire Dieu est libre comme l'homme est libre. Ils se trouvent en vis-à-vis. Dieu est au ciel de toute éternité et il a le désir de s'incarner parmi les hommes. Il fait alors un mouvement vers eux, il sort de son champ et vient dans celui de l'homme ; mais il n'est pas venu pour occuper tout le terrain à notre place et à nos dépens. Dieu fait homme, incarné, revient ainsi auprès de son Père en invitant l'homme à le rejoindre sans pourtant quitter la terre où il demeure. Et le Fils,

1. Vatican II, Constitution dogmatique sur la Révélation divine *Dei Verbum*, § 2.

en revenant auprès du Père, ouvre un champ pour l'homme. Dieu, en regagnant le ciel, laisse l'homme sur son terrain et lui ouvre une liberté, une perspective. Il lui envoie son Esprit Saint pour agir. Il déploie une perspective étonnante et magnifique. Peut-on sous-estimer cette vision des réalités ? C'est toute la singularité du christianisme : chacun est dans son champ, mais il y a des échanges, une communication, il ne s'agit pas de s'isoler chacun en soi-même, mais de s'ouvrir l'un à l'autre en permanence. De la même façon que la relation amicale, amoureuse, fraternelle donne à chacun une expansion qui est très prometteuse – qui ne porte pas toujours ses fruits comme nous le voudrions, certes – mais se révèle aussi une expansion exaltante, un déploiement de soi qui pense. Chaque homme est appelé à mûrir cette amitié, cet amour conjugal ou familial. C'est là un chemin, une piste qui lui permet de réaliser dans sa vie quelque chose que, seul, il ne peut pas opérer, même si souvent il en est partiellement inconscient. Quand la Bible choisit de parler de la relation entre Dieu et l'homme en termes d'alliance, elle dit cela. Elle dit qu'entre Dieu et l'homme il y a une alliance, pas une fusion. Cette alliance relie deux libertés, deux libertés qui ne s'ignorent pas, mais qui veulent se considérer et accepter pareille alliance.

Dieu accepte qu'il y ait une histoire humaine, autonome si l'on peut dire, car il accepte que les événements lui échappent. Mais alors comment se manifeste-t-il dans la vie du monde ? Respectueux à l'extrême de sa création, son projet est d'amener, ainsi que le décrit saint Irénée de Lyon (140-200 environ), le cœur de l'homme à s'accoutumer à la liberté que Dieu lui offre et au projet de lui être associé pour l'éternité. Dieu veut non pas tordre les événements de la vie du monde à son gré, comme si nous n'étions pas libres, mais infuser dans le cœur des hommes le désir de s'associer à lui. Il choisit de convertir le cœur et non pas de modifier les événements. Les événements sont ceux que l'humanité se fabrique, et lui, il choisit de former, de rendre plus humain et fraternel le cœur de l'homme.

Dieu non pas tyran, mais libérateur

C'est une grande liberté pour nous. Dieu préside aux événements de l'histoire mais ne les modifie pas. Il est garant d'une liberté qu'il institue, qu'il protège et laisse se développer. Cette liberté va jusqu'à susciter des partenaires qu'il veut libres. Tout en ne renonçant jamais au projet de les associer à soi. Il n'est pas un tyran. Sa liberté ne limite ni n'empêche la nôtre ; au contraire, il veut nous éveiller à cette liberté si particulière. Évidemment, il attend patiemment une telle croissance, il faut prendre plus de temps… Dans une hymne de Pâques, on chante :

« Son exode humble et caché, le Fils aîné le recommence pour chaque homme. » Le Fils de Dieu refait le chemin en chaque homme. Je crois que telle est la liberté de Dieu : créer, parler, engendrer nos libertés, faire alliance, pardonner, faire miséricorde. Il fait tout cela pour que le cœur de l'homme soit changé. Représenter cette vérité, c'est accompagner pas à pas les questions de notre société que nous voulons servir et aimer.

Dieu désire toujours recommencer. Il est bon, me semble-t-il, de proposer cette approche face à une relecture des événements souvent terrifiants de notre monde – qui voudrait ne voir en Dieu qu'un Dieu distant et violent. Cette interprétation a couru tout au long de l'histoire. Et malheureusement certaines littératures chrétiennes ont abondé en ce sens. Or, on vient de le voir en relisant la Bible, la liberté de Dieu est totalement distincte de la liberté prise au sens strictement libéral du mot. La liberté de Dieu est une liberté imprenable.

J'ai souvent cité cette formule du P. François Varillon, grand prédicateur jésuite (1905-1978) : « La liberté, ce n'est pas de faire ce qu'on veut, mais de vouloir ce qu'on fait. » Et Dieu est l'illustration ultime de cela. Dieu veut ce qu'il fait et fait ce qu'il veut. Il est conscient de vouloir ainsi les choses. Il est conscient de nous offrir ce risque. Certes, il y a des problématiques opposées à son dessein. Avons-nous seulement les mots pour le dire ? Beaucoup de nos contemporains et beaucoup de catholiques ont une conception d'un Dieu de « crainte et tremblement ». Il est très difficile de se faire une image d'un Dieu libre, qui nous rend libres. Malgré plus de vingt siècles d'évangélisation, il demeure difficile de faire croire en un Dieu libérateur, étranger au Dieu coercitif et tyrannique auquel vont encore beaucoup de croyances. Ce faisant, on se résout plutôt à une conception païenne ou spontanée de Dieu. Cette vision d'un Dieu terrifiant n'est-elle pas le signe de résistance et de persistance d'un paganisme ? J'entends le mot païen non pas au sens de dévoyé ou de pervers, mais de celui d'une religion spontanée issue de la terre (*paganus* signifie paysan), et indifférente à la révélation du Dieu bon. Souvent, ce paganisme est une réaction spontanée d'auto-défense face aux événements. On se dit : « Les événements sont mauvais, c'est donc que nous avons mal agi, nous sommes punis », ou au contraire : « Les événements me sont favorables, c'est donc que j'ai bien réagi. » Réaction spontanément humaine au fond… sans arrière-pensée mais tenace. Elle suit une logique simpliste et culpabilisante : si les événements me résistent, je me sens incompris.

Or la Parole de Dieu est toute différente de cette interprétation spontanée. L'expression *Crainte et tremblement* de Søren Kierkegaard, philosophe danois (1813-1855), n'implique pas l'idée d'une terreur, mais à mon sens celle d'un « étonnement » devant un mystère tellement immense qu'on ne peut y entrer sans s'interroger. L'expression elle-même, *Crainte et tremblement*, peut être magnifique. Dès les premières pages du livre qui porte ce titre, nous sommes en présence de plusieurs méditations successives qui se glissent dans la pensée d'Abraham au moment très particulier où Dieu lui demande de sacrifier son fils unique Isaac. Tout au long du chemin qui le mène au mont Moriah, lieu du sacrifice, Abraham se dit : « Qu'est-ce que Dieu peut vouloir à travers cette demande ? » Il ne réagit pas en pensant que ce sacrifice lui est demandé – comme c'est la croyance dans les autres religions de ce temps-là – pour se concilier les bonnes grâces d'une divinité. Et la conclusion de cet épisode, on la connaît : Dieu ne demande pas le sacrifice de son fils puisqu'il arrête le bras d'Abraham. Voilà un sujet de méditation : Abraham, modèle de croyant qui voit se modifier et s'approfondir sa représentation religieuse de Dieu.

L'image religieuse de Dieu, chez Abraham, subit une transformation peut-être difficile à comprendre de nos jours. Dieu change son nom : initialement appelé Abram (« le père est exalté »), il le nomme Abraham (« père d'une multitude de nations[1] »). Pourquoi Dieu change-t-il son nom ? Pour manifester

1. Genèse 17, 4.

une transformation spirituelle. On passe ainsi d'une conception terrienne, spontanée et païenne au sens où je l'ai expliqué, à une conception d'un Dieu tout proche qui lui parle comme à un ami. Dieu ne lui veut aucun mal, bien au contraire, il veut seulement changer son cœur. Changer son cœur, c'est considérer que Dieu est le maître de l'impossible, capable de susciter une descendance, une descendance dans la foi. C'est une descendance dans la découverte spirituelle d'un Dieu qui n'est assurément pas un Dieu cruel, qui n'attend pas de l'homme qu'il s'incline devant des volontés incompréhensibles. Dieu cherche au contraire à se faire connaître, à rendre l'humanité plus juste. On comprend que cette conception de Dieu s'oppose à toute tentative criminelle au nom de la religion parce qu'au contraire elle appelle à se laisser transformer. Dieu me traite en partenaire et me désire comme un partenaire à sa hauteur, c'est-à-dire capable d'exercer ma liberté dans la bonté, dans la miséricorde, dans l'attention, dans le désir d'alliance… et même, on peut le dire, dans le respect pour cette terre, pour toute la création qu'il nous a donnée.

Dieu croit en l'homme. Il est libre de croire en l'homme davantage encore que l'homme n'est capable de croire en Dieu. C'est le cœur de la Révélation chrétienne, d'une certaine manière. On est au cœur de l'annonce. Tel est le sens profond de ce que nous cherchons à vivre et à faire vivre. En cela, Abraham est notre père à tous et le père d'un retournement de la pensée religieuse comme de la relation avec Dieu. Maurice Blondel disait : « Il n'y a pas d'athées, il n'y a que des idolâtres », c'est-à-dire le Dieu que refusent les athées est un Dieu qui n'est pas ami de l'homme. Si l'on considérait qu'il y a un Dieu vraiment ami de l'homme, comment pourrait-on vraiment le refuser ? Cela nous donne, à nous, chrétiens, une vraie responsabilité : montrons-nous la figure d'un Dieu à hauteur d'homme, ami de l'homme ? Là nous sommes dans le prolongement de l'enseignement de Vatican II sur l'athéisme, comme je l'ai rappelé plus haut : l'une des causes de l'athéisme est la mauvaise image que nous renvoyons de Dieu. Au fond, elle est une expression qui témoigne de notre chemin vers Dieu. Un chemin assimilable à une recherche inlassable comme celle d'Abraham. Un moine disait que plus on cherche, plus on découvre qu'on est athée de ce Dieu qui serait pervers. Malheureusement, de ce dieu-là, on peut être idolâtre !

Pour résumer ce point qui est décisif, la conception contemporaine de la liberté appelle presque exclusivement celle d'une pure autonomie de l'homme à l'égard de Dieu, une absence de lien entre le monde de l'homme et celui de Dieu, entre la terre et le ciel ; tandis que la façon de voir que j'ai décrite sous le nom de l'alliance de Dieu et de l'homme prend racine dans l'acte créateur de Dieu, acte parfaitement libre, qui appelle l'humanité à une libération de toutes sortes d'esclavage, toutes formes d'addiction, de toute volonté de domination. La liberté de Dieu créateur engendre, suscite sans cesse la libération des entraves que les humains s'imposent mutuellement et dans lesquelles ils se débattent à longueur d'histoire.

La vision que j'en ai

On me demande quelle a été mon expérience de la liberté de Dieu dans mon propre itinéraire. Comment est-ce devenu presque une évidence ? Cette évidence, c'est dans la foi qu'elle se mûrit et se développe avec une certaine assurance dont le Seigneur me fait grâce, mais elle est soumise aussi à la contradiction et à la contrariété des événements. Comment ai-je compris cela par rapport à ma vocation de prêtre ?

Lorsque je suis né, il y avait beaucoup de prêtres autour de nous. Beaucoup d'images, de belles et bonnes images, de prêtres qui nous donnaient à voir de belles choses révélatrices de ce que Dieu était ! L'attirance pour devenir prêtre était encore forte. Et elle a touché un très grand nombre de jeunes de nos générations. Il y a une trentaine d'années, Guy Lescanne, prêtre et sociologue, avait mené une enquête auprès de 30 000 jeunes, âgés d'une vingtaine d'années. Ils étaient nés entre 1970 et 1980 environ. Il leur avait posé une série de questions dont l'une était : « As-tu un jour pensé à devenir prêtre ? » Et sur les 30 000 réponses, il en avait reçu entre 6 000 et 8 000 qui disaient « oui ». Il a recommencé, avec un autre questionnaire, et obtenu la même proportion de réponses. Il en concluait que vraiment beaucoup de jeunes avaient été touchés par ce désir de devenir prêtre, à une époque où il y avait autour d'eux beaucoup de prêtres. Et il avait ajouté une deuxième question : « Qu'est-ce qui fait que tu n'es pas devenu prêtre ? ». La réponse la plus fréquente était : « J'ai pensé que je ne pourrais pas tenir. » À cette époque, il y avait une vraie attirance pour la prêtrise, la même qui s'est exercée sur moi.

Je me souviens qu'au moment de prendre des orientations scolaires, j'avais tendance à repousser cette perspective. Je n'ai pas voulu entrer dans un petit séminaire ou aller au grand séminaire. J'ai voulu choisir des études supérieures en faculté, suivre un cursus qui ne me mettait pas tout de suite dans l'orbite du séminaire. J'ai été ainsi un étudiant participant à des groupes de jeunes dont certains cherchaient aussi leur voie comme moi, et j'ai finalement arrêté mon choix plus tardivement. Il me semble que j'ai expérimenté à cette période de ma vie la liberté de Dieu : elle ne me pressait pas ; aucun agent recruteur n'était là pour m'obliger à répondre : Dieu prenait son temps avec moi. Et je pense que c'est ainsi que j'ai senti qu'il me laissait du temps, il ne faisait pas pression sur moi. Et c'est en définitive avec une grande joie et un sentiment de profonde liberté que je suis entré au séminaire.

Dieu tient toujours ses promesses

J'avais 25 ans, et pas 18, comme c'était encore la coutume à cette époque-là. Je suis entré au séminaire et en faculté de théologie à Lyon, puis en stage pastoral dans une paroisse lyonnaise. Puis vint l'ordination. Lors de mes nominations successives, j'ai toujours mesuré que j'avais le temps de la réponse : à mes évêques successifs, quand ils m'ont appelé à telle ou telle responsabilité, et au pape, quand il m'a sollicité pour devenir évêque, j'ai toujours répondu : « Laissez-moi quelques jours » – y compris lorsque j'ai été pressenti pour devenir archevêque de Paris – quelques jours pour me permettre d'apporter une réponse libre. Je n'ai jamais senti que j'étais obligé de dire oui. J'ai compris que l'obligation était intérieure à un moment donné. Jeune évêque de Chambéry, des jeunes me disaient : « Pourquoi êtes-vous devenu évêque ? » Je leur avais répondu : « Parce que finalement, je n'ai pas vu d'objection fondamentale. J'ai vu qu'il y avait un appel. Et si j'avais eu une objection de fond, j'aurais pu la dire, et ne pas répondre positivement. »

Le Seigneur me laissait le temps de répondre, et de tourner autour de ce projet, de le regarder sous toutes les faces possibles avant de dire oui. Il m'est arrivé de dire non à des propositions auxquelles je ne me sentais pas adapté. J'essaie de pratiquer cette même attitude quand je nomme des prêtres dans des paroisses ou dans des responsabilités diocésaines. Les nominations aujourd'hui dépendent toujours de l'évêque mais, forcément, je ne connais pas tout le monde. Je fais confiance à mes collaborateurs, les vicaires généraux, pour déterminer quel est le meilleur chemin pour l'un ou l'autre. Mais j'insiste bien pour qu'on ne fasse pas de pression excessive et qu'on laisse quelques jours de réflexion. Toutefois il m'arrive de dire à quelqu'un : « Enfin quand même ! Moi je crois que tu es bien adapté à la demande que je te fais. » C'est un acte de confiance.

Je prends un autre exemple : celui particulier d'appeler au diaconat un homme adulte. Quand je m'occupais du diaconat dans le diocèse de Dijon, un candidat m'avait dit : « Mais c'est scandaleux de m'appeler comme ça, je ne suis plus libre ; maintenant, je suis obligé de dire oui. » Je lui ai répondu : « Non, tu n'es pas obligé de dire oui. » Il reprit : « Mais qu'est-ce qui me dit que je ne suis pas obligé de dire oui ? » Je lui ai simplement répondu : « Je te laisse le temps de mûrir ta réponse. » En effet, un homme qu'on appelle à être diacre ne s'y attend pas, le plus souvent. On a besoin de temps pour prendre connaissance de ce qu'est le diaconat. Cela nécessite plusieurs mois de discernement, de réflexion, à l'abri du regard des autres. Bien sûr, un candidat marié s'interroge avec son épouse et, à un moment donné, avec ses enfants. Mais on préserve sa liberté de réflexion en lui proposant des temps de retraites, en lui apportant tous les renseignements sur ce qu'est le diaconat, les obligations qu'il comporte. On lui demande de mûrir son discernement avant de dire : « J'accepte ou non d'entrer dans cette démarche de réflexion, et ensuite j'aurai probablement deux ans et parfois jusqu'à la veille de l'ordination pour répondre oui ». C'est là une vraie expérience de liberté. Comme pour les vocations presbytérales, je connais des candidats au diaconat qui ont réservé leur réponse pendant des années !

Ce thème de la liberté de Dieu s'est présenté à moi comme un patient appui de confiance. Je l'évoque souvent dans mes prédications, c'est vrai. Je pense que c'est le fruit de mon expérience personnelle. Je ne sais pas exactement quand il s'est imposé comme un thème de prédication. De fait, j'ai été profondément convaincu par la liberté que Dieu suscite dans ma vie. C'est une conviction très forte en moi : Dieu cherche sans arrêt à entrer en conversation avec nous, mais en nous laissant libres. Et il tient toujours sa promesse. Il me semble que cette conversation est un continuum dans mon expérience de Dieu.

Mes amis connaissent mon penchant fidèle pour le philosophe Maurice Blondel. Dans ma bibliothèque, les livres de cet auteur sont en bonne place. Je retrouve chez cet homme une pensée qui me guide : « L'homme met toujours dans ses actes, si obscurément qu'il peut l'ignorer, ce caractère de transcendance. Ce qu'il fait, il ne le fait jamais simplement pour le faire[1]. » Cette citation pertinente de Blondel prend toute son ampleur dans le contexte de la perte du sens transcendantal de ses actes par l'homme contemporain. Pour le dire autrement, l'homme contemporain a perdu le sens supérieur, disons la portée métaphysique, de chacun de ses actes. C'est de mon point de vue le drame de l'homme moderne qui sous-estime le poids et l'épaisseur de chacun ses actes durant sa vie.

La démonstration blondélienne est extraordinaire parce qu'elle englobe la plus petite action humaine. Quand il a voulu faire sa thèse dans les années 1890, il a proposé ce sujet de philosophie en le soumettant au célèbre bibliothécaire de l'École normale supérieure de la rue d'Ulm, Lucien Herr. Cet intellectuel notoire de la IIIe République eut de l'influence

1. Maurice Blondel, *L'action* (1893), Paris, PUF, 1950, page 353.

sur nombre de chercheurs, écrivains et responsables politiques, comme Émile Zola, Charles Péguy, Jean Jaurès ou encore Léon Blum. Lucien Herr a dit au jeune Blondel : « Mon petit, vous allez tailler dans du neuf. » Il voulait dire qu'il n'y avait pas de réflexion travaillée sur l'action humaine dans la philosophie et dans l'histoire de la philosophie. Les philosophes ont beaucoup réfléchi sur la pensée, et pour Blondel la pensée est une forme de l'action. Elle commence dès la plus petite action humaine, celle que l'homme mène dans sa vie courante. Blondel disait : « La science de l'action appartient à tous ceux qui n'en ont pas d'autre[1]. » Et si la science de l'action appartient à quiconque n'en a pas d'autre, elle est à la portée de tous : chacun est capable de réfléchir à partir de ce qu'il fait. À partir de cette approche, le philosophe découvre et comprend que l'homme est appelé à agir, à décider, à choisir pour grandir lui-même, pour s'inscrire dans une histoire, dans une vie familiale, sociale, dans un mouvement général qui l'entraîne et le dépasse.

Maurice Blondel se nourrissait de Blaise Pascal et de cette pensée en particulier : « L'homme passe infiniment l'homme. » Pascal n'était pas qu'un mathématicien, un physicien, un génial inventeur, un penseur, un polémiste, mais également un philosophe et un spirituel profond. Pascal s'est aussi

1. *Ibid.*, page 45.

réalisé par de toutes petites actions humaines auprès des pauvres de son quartier de Paris. Pascal vivait près de l'église Saint-Étienne-du-Mont, et il aimait faire du bien aux pauvres. Il n'a pas voulu se laisser mourir sans continuer à s'exercer à la charité pour les plus démunis. À partir des plus petites actions, Pascal déjà et Blondel ensuite, ont eu le sentiment que ce que l'homme réalise par son action, même la plus infime, la plus inutile en apparence, l'ouvre paradoxalement à une dimension plus grande, plus noble, à « beaucoup plus grand » que l'homme lui-même. Cette philosophie de l'action ouvre donc un chemin de rencontre avec les autres, et aussi de rencontre avec l'infiniment Autre qu'est Dieu, celui dont Jésus-Christ est l'exégète parfait[1]. Cette science de l'action appartient à quiconque n'a pas d'autre science à sa disposition, à qui n'est pas un scientifique ou un connaisseur des lettres savantes. Toujours, à chacun de nos actes, se pose la question du sens et de la transcendance.

1. Jean 1, 17 : *Le Fils unique, qui est dans le sein du Père, nous l'a dévoilé.* Dévoilé, le verbe utilisé ici dit : il en a été l'exégète, l'interprète…

François de Sales, maître de la liberté spirituelle

Je veux souligner ici l'apport spirituel et apostolique de saint François de Sales[1]. J'ai eu en effet de fort belles occasions de faire sa connaissance et de le « rencontrer », si je puis dire, au cours de ma vie.

Et je me livre moi-même pour dire comment la liberté de Dieu s'est manifestée en moi au long de mon ministère en soulignant les signes perçus à travers son visage de sainteté.

D'abord à Dijon, qui est pour moi un lieu source. C'est la ville de mon baptême et de mon ordination de prêtre. C'est aussi le lieu de ma découverte précoce du prélat savoyard. Je la dois au fait que j'ai été élève puis collégien à l'école de la Maîtrise qui jouxte le monastère de l'ordre de la Visitation. Or c'est avec une Dijonnaise, Jeanne-Françoise de Chantal, que François de Sales fonde cet ordre. Ces deux êtres d'exception font connaissance en 1604 à l'occasion d'une prédication de carême faite à Dijon par le tout jeune évêque de Genève. Cette rencontre sera déterminante puisqu'elle ouvre la voie à la fondation de l'ordre de la Visitation, à Annecy, six ans plus tard. J'ai appris tout cela peu à peu, grâce à ce voisinage au temps de ma scolarité.

1. 1567-1622, évêque de Genève (1602-1622).

Plus tard, inscrit comme étudiant à la faculté de philosophie de Dijon, j'étudie l'histoire de la sainteté en Bourgogne. J'y croise naturellement saint Bernard de Clairvaux et les moines cisterciens, j'y retrouve sainte Jeanne de Chantal et découvre la future sainte Elisabeth de la Trinité. C'est aussi à cette époque que je fréquente la pensée de Maurice Blondel dont l'archevêque d'Aix-en-Provence a introduit à Rome, il y a quelques années, la cause de béatification. Ensuite, poursuivant mes études en faculté de théologie à Lyon, je me retrouve sur les mêmes bancs que des confrères oblats de saint François de Sales : je leur dois de m'avoir initié à quelques belles pages du grand pasteur savoyard. Enfin, ma nomination à l'archevêché de Chambéry, en juin 2000, me fait entrer davantage dans la connaissance du personnage, de ses écrits, de sa pratique pastorale, de son rayonnement.

Ainsi, la Bourgogne, la Savoie, l'histoire de l'Église et le désir de servir le Seigneur m'ont fait croiser plus d'une fois le « Docteur de l'amour divin », comme l'appelait saint Jean-Paul II. Certainement, ma devise « la joie de croire », inspirée de l'évangile de saint Jean – *pour que ma joie soit en vous*[1] – mais aussi de l'ouvrage posthume de Madeleine Delbrêl[2], rejoint profondément les écrits, la parole et l'action évangélique de ce maître spirituel.

---

1. Jean 15, 11.
2. Madeleine Delbrêl, *La joie de croire*, Paris, Seuil, 1995.

Quand je suis arrivé à Paris, quelle n'a pas été mon heureuse surprise de me souvenir que cette ville avait reçu plusieurs fois le Savoyard. Il y a même vécu des moments décisifs de son existence si riche. Au temps de sa jeunesse et de ses premières études (1584-1588), il connaît à Paris une grave crise spirituelle ; puis comme coadjuteur de son prédécesseur, il viendra y accomplir une mission confiée par ce dernier (1602). Deux autres séjours de François à Paris (1609 et 1619) lui permettront de donner des sermons dans la ville et de rencontrer quelques-unes des grandes personnalités spirituelles dont le rayonnement en France et au-delà est bien connu : Bérulle, Vincent de Paul, madame Acarie, introductrice du Carmel en France sous le nom de Marie de l'Incarnation, et bien d'autres figures qui fécondent un grand renouveau spirituel.

Le pape François, après ses prédécesseurs, a écrit une très belle lettre pour le quatrième centenaire de la mort de saint François de Sales, le 28 décembre 1622, sous le titre latin de *Totum amoris est*, Tout est à l'amour[1]. Je ne vais pas répéter ici ce qui est si bien exposé dans cette Lettre apostolique. Mais je peux souligner quelques points qui ont attiré mon attention depuis longtemps.

1. Pape François, Lettre apostolique *Totum amoris est*, pour le 4e centenaire de la mort de saint François de Sales, Rome, 28 décembre 2022.

François est d'abord un évêque sans moyens pour mener son action. Il doit fait face à l'adversité des calvinistes. Il vit à Annecy, hors de la ville épiscopale située à Genève. Le territoire de son diocèse est diminué. Il vit en exilé et livre un combat incessant pour mener sa mission épiscopale. Il vit pauvrement. Il a abandonné son patrimoine familial à ses frères et les revenus de son diocèse sont très restreints du fait de la confiscation des biens de l'Église par ceux qui gouvernent à Genève : des chrétiens eux aussi, mais en rébellion contre l'autorité romaine et en rupture avec l'Église catholique.

Ce diocèse lui procure une série interminable de soucis : « Ce ne sont pas des eaux, ce sont des torrents que les affaires de ce diocèse », concède-t-il. Il a conscience de ne pas être à la hauteur de la situation. Il se sent fatigué, et ses multiples activités le disloquent intérieurement : « Je passerai ce carême à faire résidence en ma cathédrale et à rhabiller mon âme qui est presque toute décousue par tant de tracas qu'elle a soufferts. C'est une horloge détraquée ; il faut la démonter pièce à pièce et après l'avoir nettoyée et enhuilée[1], la remonter pour la faire sonner plus juste[2]. » Voici une invitation à considérer que la vie de l'Église est une succession de difficultés, une

1. « Enhuilée », ah le beau mot qui sent son XVIIe siècle, et le prédicateur soucieux de faire image !

2. Cité par André Ravier, *François de Sales, un sage et un saint*, Bruyères-le-Châtel, Nouvelle Cité, 2023.

véritable accumulation de fragilités, et une preuve évidente de la grâce divine... qui demande notre vigilante prière et notre bienveillance permanente.

Il est aussi un homme pour les autres en Dieu ; il aime spontanément les autres, d'une amitié affectueuse, simple, sans détour, sans complexe : « Il n'y a point d'âmes au monde, comme je pense, qui chérissent plus cordialement, tendrement, et pour le dire tout à la bonne foi, plus amoureusement que moi. »

Mais il refuse d'exercer une quelconque influence possessive sur les autres : il écoute, il conseille, mais il n'ordonne pas pour son propre compte. Il affectionne la liberté en Dieu. Il a pour règle de « ne contredire jamais personne, sinon qu'il y eût péché ou dommage notable à ne pas le faire [...] Quand il importe de contredire quelqu'un et d'opposer son opinion à celle d'autrui, il faut user de grande douceur et dextérité, sans vouloir violenter l'esprit de personne, car aussi bien ne gagne-t-on rien en agissant avec âpreté [...]. L'esprit humain peut être persuadé, non pas contraint. Le contraindre, c'est le révolter ».

Il sait ne pas s'inquiéter de ce que l'on peut penser de lui, même si sa réputation est malmenée. À l'occasion d'une affaire de mariage où certains semblaient l'accuser d'avoir favorisé un mariage que les parents du jeune homme désapprouvaient au point de faire circuler sur François des bruits fort désobligeants,

Jeanne de Chantal s'alarme de la mauvaise réputation qu'on lui fait. François répond : « La Providence suprême sait la mesure de réputation qui m'est nécessaire pour bien faire le service auquel elle me veut employer, et je n'en veux ni plus ni moins que ce qu'il lui plaira que j'en aie. » Et il cite saint Grégoire : « Si votre cœur était au ciel, les vents de la terre ne l'émouvraient aucunement. »

Le nom même de la Visitation, choisi conjointement par François et Jeanne pour leur congrégation, signifie qu'ils accueillaient les relations humaines comme des occasions de révélation de la présence de Dieu à tout moment, en toute rencontre. Voyons-nous comment Dieu, par Jésus-Christ, est ainsi mêlé à toute notre existence ?

Comment serait-il un homme pour les autres en Dieu, s'il n'était pas intensément prêt à tout instant à recevoir de Dieu ce qu'il vit, s'il n'était un mystique de l'accueil et du don ? « Que Dieu me mette en quelle sauce qu'il voudra, ce m'est tout un pourvu que je le serve[1]. » Cela s'applique évidemment aux événements auxquels on a déjà pu faire allusion. Et même à de grandes peines, comme la douleur qu'il ressentit à la mort de sa plus jeune sœur, alors qu'elle avait seulement quatorze ans, et qu'elle séjournait chez Jeanne de Chantal encore en Bourgogne :

1. Lettre à madame Brûlart, 13 octobre 1604.

> Hélas, ma fille [écrit-il à madame de Chantal], je suis tant homme que rien plus. Mon cœur s'est attendri plus que je n'eusse jamais pensé [...] Au milieu de mon cœur de chair, qui a eu tant de ressentiments de cette mort, j'aperçois fort sensiblement une certaine suavité, tranquillité et certain doux repos de mon esprit en la Providence divine, qui répand en mon âme un grand contentement en ses déplaisirs[1].

Nous sommes très sensibles, à notre époque, à la douleur des séparations, tandis que les époques antérieures pouvaient être plus résignées. Comment introduisons-nous aussi la possibilité d'accueillir la bienveillance de Dieu dans les événements sensibles de nos vies ?

Il faut encore voir François comme un pasteur attentif à la situation de son époque : la nôtre exige la même attention ! Dans une de ses correspondances, François écrit : « Le monde devient si délicat qu'il faudra désormais l'approcher qu'avec des gants parfumés et panser ses plaies qu'avec des emplâtres de civette. Mais qu'importe, pourvu que les hommes soient guéris, et qu'enfin ils soient sauvés[2] ! » Ces lignes, transposées en français contemporain, n'évoquent-elles rien pour nous aujourd'hui ? On reçoit ici une magistrale leçon pour appréhender les fragilités de notre temps. D'abord, ne point

1. Lettre à sainte Jeanne de Chantal, 2 novembre 1607.
2. François, *Totum amoris est.*

en sous-estimer le discernement et l'analyse, ne pas ignorer le réel et sa gravité, sans en être tétanisés. Mais apporter parfums et soins, c'est-à-dire ce respect empreint de vénération de ce qui est grand en l'homme créé par Dieu. François ne minimise pas le salut et son annonce en toutes circonstances : « que les hommes soient sauvés ! » fait bien sûr écho explicitement au sacrifice du Christ par amour pour tous.

Benoît XVI, dans sa catéchèse sur François de Sales, le considère comme un maître de la liberté spirituelle[1] : « À une époque comme la nôtre qui recherche la liberté, parfois par la violence et l'inquiétude, ne doit pas échapper l'actualité de ce grand maître de spiritualité. » Le charisme de ce docteur de l'Église est d'avoir parlé du cœur de Dieu et du cœur humain, sans jamais les dissocier ni omettre leur ineffable relation. Quand François dit : « Dieu est Dieu du cœur humain », cela semble, comme dit le pape, des « paroles apparemment simples. Pourtant nous y percevons l'empreinte de la spiritualité d'un grand maître[2] ». François n'a jamais caché qu'écrire un *Traité de l'Amour de Dieu* préludait à un *Traité de l'Amour du prochain*.

1. À lire en intégralité sur le site du Vatican, Benoît XVI, Audience générale, catéchèse sur saint François de Sales, mercredi 2 mars 2011.

2. François, *Totum amoris est*.

Le pape Benoît XVI souligne encore[1] :

> On perçoit bien, en lisant le livre sur l'amour de Dieu et plus encore les si nombreuses lettres de direction et d'amitié spirituelle, quel connaisseur du cœur humain a été saint François de Sales. À sainte Jeanne de Chantal, à qui il écrit : « Car voici la règle générale de notre obéissance écrite en grosses lettres : il faut tout faire par amour, et rien par force ; il faut plus aimer l'obéissance que craindre la désobéissance. Je vous laisse l'esprit de liberté, non pas celui qui forclos [exclut] l'obéissance, car c'est la liberté de la chair ; mais celui qui forclos la contrainte et le scrupule, ou empressement[2] ». Ce n'est pas par hasard qu'à l'origine de nombreux parcours de la pédagogie et de la spiritualité de notre époque nous retrouvons la trace de ce maître, sans lequel n'auraient pas existé saint Jean Bosco ni l'héroïque « petite voie » de sainte Thérèse de Lisieux.

Aux nombreux visiteurs et pèlerins de la cathédrale Notre-Dame et d'autres lieux d'écoute et de réconciliation à Paris, comme l'église Saint-Louis d'Antin ou la basilique du Sacré-Cœur par exemple, François de Sales, pasteur admirable de la réconciliation, ne manquerait pas d'ouvrir grand les bras et le cœur. À Mgr Frémyot, archevêque de Bourges et jeune frère de Jeanne de Chantal, il écrit ce que tout agent pastoral devrait incarner quand il prêche : « Il faut que nos paroles soient enflammées, non par des cris et des

1. Benoît XVI, Audience générale du 2 mars 2011.
2. Lettre du 14 octobre 1604.

actions démesurées, mais par l'affection intérieure. Il faut qu'elles sortent du cœur plutôt que de la bouche. On a beau dire, mais le cœur parle au cœur ; tandis que la langue ne parle qu'aux oreilles[1]. »

Au seuil de l'époque moderne, François de Sales fut un évêque qui valorisa toutes les vocations. On connaît son jugement sans appel, dans l'*Introduction à la vie dévote*, sur l'universalité de l'appel à la vie chrétienne et à la sainteté, selon la formule du concile Vatican II : « C'est une erreur et même une hérésie de vouloir bannir la dévotion (traduisons : la vie chrétienne) de la compagnie des soldats, de la boutique des artisans, de la cour des princes, du ménage des gens mariés[2] ». Et s'adressant à monsieur de Bérulle, homme d'État et cardinal fondateur de la société de l'Oratoire, il écrit : « Nous aurons toujours besoin du lavement des pieds, puisque nous cheminons sur la poussière. Notre Bon Dieu nous fasse la grâce de vivre et mourir en son service. » C'est une façon de souligner que toutes les vocations ont vocation à servir Dieu lui-même, et que toutes sont des appels adressés à des pécheurs : pour être tous des pécheurs, ils en sont d'autant plus égaux en dignité aux yeux de Dieu.

1. François de SALES, *Aux prêtres*, textes sélectionnés et commentés par François Renaud, Paris, Cerf, 2021.

2. François de SALES, *Introduction à la vie dévote*, Cerf, 2009, édition établie par D. M. Proton, en français contemporain, 1re partie, chapitre 3, § 20.

Tout appel prend sa source dans une conversion du cœur et se réalise jour après jour dans la fidélité. Que chacun donc demeure dans sa vocation devant Dieu !

> La vie chrétienne ne saurait être pratiquée de la même manière par l'artisan, par le valet, par le prince, par la veuve, par la jeune fille, ou par la femme mariée. [...] La vraie dévotion, non seulement ne porte tort à aucun état de vie, ne nuit à aucune affaire, mais au contraire, elle les perfectionne et les embellit[1].

N'est-ce pas déjà signifier que toutes les formes de vocations sont nécessaires dans l'Église, et que chacun, pour vivre la sienne, non seulement ne peut mépriser les autres, mais au contraire compte sur les autres pour grandir dans la sienne ? C'est un parterre de mille fleurs qui réjouit le cœur de Dieu et aussi le cœur humain.

Ce paysage de sainteté, comme on le voit, n'est pas étranger, loin de là, à la vie actuelle de l'Église et à l'évolution apportée par Vatican II. Il y a une continuité entre la sainteté d'hier et celle qui se révèle peu à peu dans le quotidien d'aujourd'hui. J'insiste ici sur ce point. L'Église invite à prier sans cesse pour les vocations et, dans cette époque où nous voyons diminuer le nombre des prêtres, des religieux et religieuses, nous pouvons comprendre que toutes

1. *Ibid.*

les vocations, toutes les formes de vocations, sont faites pour s'enrichir les unes les autres.

Le concile Vatican II s'est inscrit dans la droite ligne de cette intuition déjà présente chez François de Sales en valorisant les vocations laïques à la sainteté, les vocations religieuses, les ministères au service de la naissance et de la croissance de l'Église : toutes ces vocations sont au service de l'annonce du salut de Dieu, et de la transformation du monde par la conversion des cœurs et des intentions de l'action.

Ainsi le disons-nous à Paris dans la prière pour les vocations : « Que les familles, les paroisses et tous les groupes chrétiens soient des lieux où s'épanouissent toutes les vocations : dans la vie laïque, dans le mariage ou le célibat, dans la vie consacrée et la vie religieuse, dans les ministères de prêtre et de diacre. Que chacun éprouve la joie de se savoir aimé, infiniment aimé de Toi, au point de désirer mettre sa vie au service de ton amour. »

La liberté de Dieu aux carrefours de ma vie

Toutes les années que j'ai vécues dans quatre diocèses différents, aux réalités géographiques, culturelles, économiques et sociales si contrastées, me font mesurer la chance qu'elles m'ont donnée de pouvoir élargir mon expérience. Après ces vingt-quatre années d'épiscopat abordées en Savoie en milieu montagnard, puis dans le Nord dans une ambiance travailleuse et festive et enfin à Paris, je comprends la nécessité de pratiquer l'humilité souvent invoquée par le pape François. Aussi je regarde l'Église qui m'est confiée par le prisme de la richesse de sa diversité. Et j'essaie, autant que possible, de partager les enseignements que j'ai reçus durant ma vie d'évêque.

Dans quelle mesure mon épiscopat à Chambéry, à Lille et à Paris est-il marqué par la liberté de Dieu ? Les Bourguignons que j'ai servis pendant vingt ans m'ont comme incité à la découvrir. C'était au temps où Albert Decourtray, évêque de Dijon, m'a ordonné prêtre ; puis j'ai été vicaire épiscopal de Jean Balland et enfin vicaire général de Michel Coloni. Je me sens proche aussi des Bourguignons par mes racines familiales et des affinités régionales. Je suis réceptif à leur amour de la vigne, du travail bien fait ; à leur amour de la terre et d'une sorte de vie équilibrée – les vins de Bourgogne sont des vins qualifiés de charpentés. La vigne, c'est un beau don de Dieu, mais c'est aussi le résultat d'un gros travail humain, et nous le soulignons à chaque messe au moment de l'offertoire. J'ai toujours beaucoup aimé les paysages de vignobles : ils manifestent la transformation de la nature, l'éducation de la nature aussi : une vigne, une terre très travaillée, c'est toujours un beau jardin à contempler.

De la montagne et des Savoyards, j'ai retenu un esprit endurant, sportif et de *challenge*. Les difficultés à vivre sont autant de tremplins pour inventer des solutions. L'économie de montagne, c'est rude, et les Savoyards en ont tiré parti. Ils ont su inventer la grosse industrie, l'industrie lourde, au tournant des XIXe et XXe siècles, le développement de la force de l'eau, construire des barrages pour produire de l'électricité. Cela transforme les paysages ! Et ensuite survient le développement du tourisme comme une ressource avantageuse, mais qui comporte certes des risques : on peut aussi se laisser tenter par l'enrichissement individuel, toujours plus !

L'esprit travailleur et convivial du Nord reste présent en moi : il est animé par un fort sentiment de faire face aux nécessités, aux difficultés de l'existence, un peu comme chez les montagnards ! Au Nord, on travaille beaucoup, on est industrieux, mais sans rechercher les félicitations, les honneurs et les facilités de la vie, en préférant plutôt la joie de la rencontre, l'aubaine d'être ensemble et de faire la fête ! Et d'y être tous rassemblés. Une culture humaine forte, des traditions de travailleurs, d'inventeurs, de « faiseux ». C'est le pays de l'abbé Lemire[1], de la recherche de la justice, de l'engagement, de la lutte pour la dignité des hommes. Mon grand prédécesseur, le cardinal

1. Député du Nord, maire d'Hazebrouck (1853-1928).

Liénart[1], s'est illustré vaillamment en soutenant ces efforts et en développant un esprit de mise en pratique de la doctrine sociale de l'Église.

Maintenant Paris ! Je n'en connais pas encore tous les secrets, tous les ressorts ! Mais j'observe avec curiosité et intérêt le fourmillement, les initiatives, et le fait qu'à Paris les gens viennent de partout. Il y a, certes, des Parisiens de très ancienne souche, c'est vrai, mais à Paris le monde entier est présent ! C'est une ville mondialisée. Et j'allais dire, le monde se sent chez lui à Paris. La capitale de la France est mondialement connue, appréciée, admirée même ! C'est une joie, une responsabilité aussi, d'avoir été choisi pour être le pasteur de cette ville où se dresse maintenant Notre-Dame de Paris restaurée par le travail des hommes.

1. 1884-1968. Évêque de Lille de 1928 à 1968, l'un des présidents délégués du concile, créé cardinal en 1930.

2

La liberté de Dieu à l'œuvre dans l'Église

Les catéchumènes

La liberté de Dieu ! Elle se manifeste dans l'histoire de chaque personne et dans la vie de l'Église. Je reprends l'exemple des catéchumènes et de ceux qui demandent à recevoir la confirmation. Je repère par ailleurs les mêmes manifestations dans les ordinations de diacres et de prêtres. Comme dans le choix d'un certain nombre de personnes qui, au milieu de leur existence professionnelle, envisagent un tournant, un changement pour se mettre au service de l'Église ou d'une autre cause, sociale et moins rémunératrice. On pourrait en parler par une image : ce n'est plus simplement une hirondelle qui annoncerait le printemps, mais plutôt des volées d'hirondelles ! Dans les lettres d'adultes demandant le baptême ou la confirmation, je constate de plus en plus souvent des aspirations, des motivations où s'exprime la recherche de « plus de sens », comme ils disent. Pour les uns, ce sera en s'engageant dans l'action humanitaire, pour d'autres ce sera le service du Christ et de l'Église. Il y a là un vrai signe, à mettre en comparaison avec le flot de sondages sur la diminution du nombre des chrétiens et des pratiquants. De ce point de vue, ces sondages occultent la réalité d'un désir très profond. J'en avais déjà fait le constat à Lille. Celui-ci se confirme à Paris : en 2023, j'ai lu plus de cinq cents lettres d'adultes demandant la confirmation qui s'ajoutaient aux cinq cents demandes de baptême. Dans la plupart de ces demandes, j'insiste, figurait l'expression « le vide spirituel dans lequel je vivais ne me satisfait plus ». Bien sûr, les phrases ne sont pas toutes identiques, mais les mots « vide spirituel » reviennent fréquemment. Ce thème est récurrent. On pourrait le résumer ainsi : « J'ai besoin, j'avais besoin d'être habité par un élan qui ait davantage de sens, un souffle vivant. » Cette réaction est très forte. Est-ce que ces personnes sont avides de rencontres avec des chrétiens libres eux aussi ? Et qui soient capables de les accueillir, de les entendre ? Je le pense. Tout cela ne fait pas encore beaucoup de bruit mais peut germer. C'est à nous, chrétiens, d'observer ce qui germe et de ne pas nous laisser affoler par les statistiques sociologiques. L'année 2024 a même vu une progression inattendue de ces demandes.

Est-ce que ces choix, ces comportements permettent de voir ce qui avance dans toute société, ce qui est en train de se passer ? Personnellement, j'y vois la liberté de Dieu à l'œuvre. Et elle est bien à l'œuvre ! Archevêque de Paris, je le constate et tous mes confrères évêques aussi. La vie dans les grandes villes permet de faire nombre ; elle favorise cette éclosion : les gens étant plus proches les uns des autres, ils se transmettent facilement leurs interrogations, échangent des expériences et des exemples. Là où, il y a dix ans, on pouvait compter des dizaines de demandes sacramentelles, il y a aujourd'hui une augmentation indéniable : quand je suis arrivé à Lille, en 2008, il y avait environ cinquante demandes de confirmations, et quatre-vingts baptêmes d'adultes. À l'occasion de la Pentecôte, le 28 mai 2023, les nouveaux confirmands et baptisés étaient au nombre de 220. Et à Paris, aux 440 demandes déposées en mai 2023, s'en sont ajoutées 120 en décembre ! Tous les évêques remarquent le même phénomène dans leur diocèse respectif : les baptêmes et les confirmations d'adultes sont en nette croissance, une croissance arithmétique, et davantage encore une croissance spirituelle. Les lettres de demandes sont souvent magnifiques. Elles expriment une grande profondeur. Certaines lettres savent très bien raconter les itinéraires de leurs auteurs, relater la chronologie des étapes importantes de leur vie spirituelle : « Voilà les événements à travers lesquels j'ai découvert le Christ ». D'autres analysent davantage le chemin qu'ils ont parcouru. Ces relectures de vie sont émouvantes et intéressantes. Elles reflètent un solide approfondissement personnel des personnes qui s'approchent de l'Église.

Cette tendance est peut-être aussi liée aux temps mouvementés que nous vivons. Après la période très déstabilisante du covid, perce maintenant un sentiment de fatigue voire une crise du goût de vivre. On peut le comprendre : nos sociétés ont été durement confrontées à des questions de vie et de mort ! La guerre en Ukraine déclenchée par l'invasion de la Russie en février 2022 a probablement contribué à créer cette inquiétude que nous connaissons actuellement. On s'était habitué à vivre en paix en Europe depuis soixante-dix ans et voilà que la guerre ressurgit brutalement sur notre continent. Comment ne pas être aussi alarmé face à la guerre que se font à nouveau Israéliens et Palestiniens ? Ce conflit a pris des formes excessives qui créent des tensions douloureuses dans notre société. S'ajoutent à ce rapide panorama international, les mouvements sociaux et les crises diverses qui la fracturent de façon chronique.

Revenons à ces démarches qui témoignent d'une réelle quête de sens. Il faut sûrement les relier à la situation mondiale qui vient d'être brièvement évoquée, et aussi à la grande complexité qui caractérise la vie dans nos sociétés contemporaines. Est-ce que dans la recherche de la foi il y aurait une recherche de simplicité ? D'un surcroît de simplicité ? La foi aiderait-elle à simplifier la vie ? Simplifier ne résout pas les questions, comme chacun sait : nous n'avons pas réponse à tout – j'ai retrouvé cette expression dans une lettre de demande de confirmation : « Vous avez dit, nous n'avons pas réponse à tout. » En effet, j'avais dit cela dans l'homélie de la messe du 22 mai 2022, lors de mon arrivée à Paris. Je cite les phrases qui suivent :

> Ce que j'énonce, ce n'est pas un programme, c'est une attitude, c'est une manière d'être… et puis une confiance profonde que notre vie est dans la main de Dieu, et que si elle est dans la main de Dieu, c'est aussi pour que nous soyons capables d'agir et de contribuer à la transformation des mentalités, des demandes, des besoins, des attentions… Nous avons une référence en la personne de Jésus. Et une référence solide, véridique.

La référence à Jésus est justement ce qui nous aide à voir dans nos vies et dans celle du monde la liberté de Dieu à l'œuvre.

Ma joie, en ces temps difficiles, que nous traversons collectivement est de sentir que celles et ceux de plus en plus nombreux qui, chaque année, demandent le baptême ou la confirmation, sont animés par un solide pressentiment : en voulant librement devenir chrétiens, ils témoignent de la présence effective de Dieu dans leur vie. Comment ne pas voir dans leur témoignage, une manifestation de la liberté de Dieu, dans notre monde, dans notre Église ?

Les prêtres

Je vois un autre signe de cette liberté de Dieu dans l'évolution du clergé. Comment mettre en valeur tout ce qu'exige chez un homme un tel engagement ? Cette vocation est presque devenue une gageure de nos jours. En effet, elle n'est pas comparable à un engagement politique, même si celui-ci est respectable et courageux à maints égards : il semblerait que les candidats aux élections locales se raréfient. L'engagement dans la prêtrise fait lui aussi moins bien recette que par le passé ! Souvent, on entend dire : « Il n'y a plus de prêtres ! » Oublierait-on de faire une lecture spirituelle de ce phénomène ? Qu'est-ce que Dieu nous dit à travers cette pénurie ?

Partons d'une réalité historique : nous sortons d'un système ecclésial très quadrillé dans lequel la paroisse la plus petite était servie par un prêtre au moins. Cette organisation visible permettait à chacune et à chacun d'être en contact avec l'Église à son propre niveau : le curé dans son village ou son quartier, et l'évêque à l'échelon diocésain. Cette structure bien visible était par ailleurs très proche de la structuration civile de la société rurale qui prédominait alors. L'organisation de la France des XIXe et XXe siècles était une organisation que tout le monde connaissait : on identifiait clairement M. le maire, M. le curé, M. le doyen, M. l'instituteur, M. le conseiller général du canton, M. le député... Tout cela était assez étagé et repérable. Et aujourd'hui, cette organisation a volé en éclats, du fait de la complexification de la vie contemporaine, due essentiellement à l'urbanisation de la société, et à l'essor des transports et de la mobilité sociale. De ce fait, les structures se sont multipliées et superposées. L'Église a connu une évolution comparable. Or, cette évolution n'est plus très lisible et projette à mon avis une image très brouillée et éclatée de la vie de l'Église et du prêtre qui éveillent, avouons-le, l'incompréhension et même la suspicion !

Cette perception est d'autant plus troublée que ce choix humain – devenir prêtre – apparaît aux mentalités modernes comme quasi impossible, voire irrationnel. Beaucoup se demandent ce que peut faire un prêtre en dehors de ses activités purement cultuelles. Dans ce contexte, on parle beaucoup et peut-être avant tout des prêtres en difficulté. Mais qui imagine ce qu'est la vie d'un prêtre aujourd'hui sauf à dire qu'il paraît surchargé ? Autrefois on colportait l'idée qu'il ne faisait pas grand-chose : on se moquait des prêtres. On disait : « À 8 heures, ils ont célébré leur messe, ils ont fait leur travail ». À la campagne, on ironisait même : « Eh garçon, lève-toi, le curé a déjà fini sa journée ! » Et aujourd'hui on entend plutôt dire le contraire : « Le curé ? On ne sait pas où il est ! il court tout le temps, on n'arrive pas à le voir… » Comment cette image du prêtre stressé et indisponible ne serait-elle pas rebutante et inquiétante ?

Ce vers quoi nous devons davantage orienter le ministère de prêtre, je pense, c'est qu'il soit de plus en plus au service de toutes les vocations chrétiennes et humaines. Le prêtre doit être un homme ayant davantage de temps pour accompagner des personnes, leur permettre de se confier à lui, de lui ouvrir ce qu'elles portent en elles ; cette trace ou ce sillon que Jésus a délicatement déposé dans leur vie. Le prêtre est là pour les aider à scruter le mode de vie qui leur conviendrait le mieux, à y faire attention, à devenir un disciple. On peut le devenir de différentes manières : certains prennent des engagements au service de la société ; d'autres optent pour des formes d'apostolat laïc ou en participant à des services de l'Église ; d'autres encore sollicitent une consécration personnelle, religieuse, sacerdotale… etc. La vie moderne s'étant complexifiée, éparpillée, la quête de la vérité en chaque être s'est aussi complexifiée. Elle a aussi tendance à se cristalliser sur des inquiétudes bien contemporaines. Pour les catholiques, la préoccupation essentielle pourrait être formulée ainsi : pourrons-nous atteindre le monde tel qu'il est par des engagements chrétiens très divers mais toujours authentiques ? Les formes de vie chrétienne étant multiples, comment choisir celle qui est la plus adaptée à son désir et à ses possibilités ? Dès lors, ce qu'on attend aujourd'hui du prêtre c'est, à mon avis, qu'il soit capable de se donner, simplement et avec humanité, pour aider des chrétiens à prendre leurs responsabilités, à lancer des initiatives, et à rester attentifs aux appels de l'Évangile et du monde.

Je dois évoquer ici la crise des abus – sexuels, spirituels et d'emprise – qui oblige à une prise conscience généralisée sur la façon dont l'Église et ceux qui y exercent une autorité se comportent à l'égard des personnes qui attendent d'elle une aide, un soutien, un accompagnement et l'annonce bénéfique de l'Évangile.

Depuis une vingtaine d'années, la découverte de ces actes délictueux ou criminels a été progressive et le champ s'est révélé immense ; l'étendue des souffrances infligées aux victimes, l'ampleur du phénomène dissimulé jusqu'alors a créé un malaise profond. La prise de conscience a été lente. Et que l'Église comme institution ait agi comme le reste de la société n'est pas une consolation. Nous avons eu à traiter des affaires anciennes et nous avons pensé que cela servirait de leçon pour le présent ; mais il faut reconnaître que le mal et la douleur demeurent. Nous reconnaissons nos défaillances et avons cherché de l'aide, hors de l'Église, en faisant appel à des professionnels du droit et de la justice, de la médecine et des sciences psychologiques, pour trouver les voies de la reconnaissance, de la compassion et si possible de la réparation. Nous ne sommes pas au bout du chemin.

Dès la première assemblée des évêques à laquelle j'ai participé en novembre 2000, ce sujet était à l'ordre du jour ; je me souviens très bien alors avoir intérieurement décidé de signaler à la justice – celle de l'État et celle de l'Église – des faits d'abus commis sur des mineurs dès que j'en aurais connaissance, tout en laissant bien sûr au plaignant devenu majeur le soin d'agir en son nom propre, et en l'accompagnant dans sa démarche. Et j'ai eu à agir ainsi deux ou trois fois.

Lorsque l'ampleur de ce mal a commencé à être connue, j'ai demandé de l'aide autour de moi pour constituer une équipe accueillant les personnes plaignantes et j'ai personnellement reçu une trentaine d'entre elles, souvent plusieurs fois, pour accompagner leurs pénibles recherches. Les évêques des trois diocèses du Nord formant la province ecclésiastique dont j'étais l'archevêque métropolitain, ont signé dès 2016 à Lille, une convention avec l'organisme d'hospitalisation publique[1] qui accueille des auteurs de violences sexuelles, et aussi des plaignants et des victimes. À Paris, un évêque auxiliaire et un délégué épiscopal

1. URSAVS : Unité régionale de soins des auteurs de violence sexuelle.

laïc animent une équipe d'écoute, d'accompagnement et de prévention : nous cherchons à agir le plus clairement possible. L'Instance nationale indépendante pour la reconnaissance et la réparation (INIRR) que la Conférence des évêques de France a décidé de créer en novembre 2021, agit de façon très professionnelle : elle reçoit et accompagne des personnes, leur apportant une aide véritable et cependant toujours fragile. Et la constitution du Fonds SELAM (Fonds de solidarité et de lutte contre les agressions sexuelles sur mineurs), décidée à la même date, représente un engagement financier important pour les diocèses. Il concrétise pour une part l'aide attendue par les personnes victimes, et permet aussi de développer des processus de prévention. Je sais que ce programme est de longue haleine et qu'il demande désormais une vigilance permanente que nous voulons assumer.

Il reste qu'il nous faut être, dans le même temps, au service de toutes les formes de vie permettant au témoignage de l'Évangile d'être rendu avec intégrité, persévérance et joie. À mes yeux, la priorité qui s'impose pour les années à venir, c'est la conversion du regard posé sur la vie et le ministère des prêtres : comme je l'ai dit, ils ne sont pas d'abord des managers, mais des serviteurs de toutes les vocations chrétiennes. Ils doivent être capables d'aider les chrétiens à devenir disciples du Christ et à trouver leur voie propre sur le terrain de la mission.

Pour ma part, j'essaie d'ancrer ma conception du prêtre dans la situation présente d'une vie sécularisée : un homme de Dieu cherchant à être d'abord un esprit et un cœur vigilants pour repérer, aider, provoquer la croissance de notre humanité en tout domaine. C'est ma perspective. Je ne me considère pas comme un manager ! Je me laisse conduire par l'Esprit qui se manifeste en toutes occasions et parfois avec surprise, comme disait mon camarade de faculté de philosophie à Dijon, le poète et écrivain Christian Bobin : « Ne rien prévoir, sinon l'imprévisible, et ne rien attendre, sinon l'inattendu… »

Mon prédécesseur, le cardinal Suhard, est devenu archevêque de Paris en 1939. Il n'a lu qu'en 1943 le célèbre petit livre des pères Godin et Daniel[1] qui devait le transformer complètement et lui inspirer l'audace missionnaire d'inventer la Mission de Paris. Le cardinal Marty prend ses fonctions en 1968, quelques semaines avant que n'éclatent les événements de mai. On se souvient comment il a marqué son épiscopat parisien par son humilité, sa proximité. Son successeur, le cardinal Lustiger, crée l'événement par sa seule personnalité : il est un juif converti. Sa nomination à l'archevêché de Paris fut un acte inouï ! Il eut la préoccupation du renouveau des vocations, de la formation des chrétiens, du

1. Henri GODIN et Yvan DANIEL, *La France, pays de mission*, Lyon, Éditions de l'Abeille, 1943.

dialogue entre chrétiens et juifs. Il s'est aussi mobilisé pour la défense de la liberté d'enseigner, et il s'est dressé contre la montée de l'extrême droite... Oui, comme dit le poète : « Ne rien prévoir, sinon l'imprévisible et ne rien attendre sinon l'inattendu. » Tel est mon état d'esprit depuis mon arrivée à Paris.

Vision de l'Église

Une réception défectueuse du concile Vatican II fait parfois dire que l'Église cherche à singer la modernité. Or la réalité est que la plupart des prêtres ont un style témoignant qu'ils vivent simplement et sans complexe leur foi chrétienne dans le monde actuel. Certains savent merveilleusement annoncer l'Évangile sur les réseaux sociaux. Analogiquement, rappelons qu'au début du développement de « la petite reine », autrement dit la bicyclette, il y avait des gens qui prétendaient que les prêtres ne devaient pas utiliser ce nouveau moyen de locomotion !

Prêtres et laïcs dans leur ensemble affrontent la réalité du monde telle qu'elle est. Non, les chrétiens ne sont pas en permanence enfermés, barricadés dans leurs paroisses. Non, les chrétiens que je rencontre à Paris ne vivent pas en exilés, à distance du reste du monde. Il est nécessaire pour un chrétien de vivre au milieu de populations aux cultures variées. Au début de mon ministère épiscopal, j'entendais dire par certains jeunes prêtres qu'ils ne se sentaient pas très missionnaires, qu'ils étaient très sollicités uniquement en milieux catholiques. Maintenant, les ministres de l'Église sont au contact avec des personnes qui leur sont étrangères à bien des points de vue. C'est une génération nouvelle de prêtres qui est à l'œuvre. Une image me semble bien illustrer ce phénomène : à la sortie des messes, nous nous retrouvons souvent sur le parvis de l'église en vêtements liturgiques et nous saluons longuement les personnes. Lors de mon arrivée à Paris, après la messe d'installation dans l'église Saint-Sulpice, nous avons vécu un temps de célébration sur le parvis de la cathédrale au vu et au su des passants de ce quartier. Nous avons réitéré ce geste à d'autres occasions. Beaucoup de personnes nous observaient, avec étonnement peut-être, mais sans manifester de réactions hostiles. Ce mélange des chrétiens avec tout le monde ne choque plus personne et ne contredit pas la laïcité.

Quand j'ai été ordonné évêque, j'ai choisi la devise « la joie de croire ». C'est vrai que ce n'est pas facile d'en témoigner : notre Église passe par une période de remise en cause profonde. Le pape François a dit un jour que les crises font partie de la vie, mais que ce qui est négatif, c'est de ne pas gérer les conflits. Laisser les conflits s'envenimer n'est pas bon. C'est le danger de la conflictualisation permanente. La volonté du pape d'acculturer notre Église à la synodalité a pour but, justement, d'apprendre aux catholiques à mettre sur la table plutôt qu'en dessous leurs différences et leurs divergences pour, avec l'aide de l'Esprit Saint, les dépasser et trouver ensemble des solutions. Nonobstant, la joie de croire est lourde à porter au cœur d'une Église salie par des scandales, les divisions et les tensions. La marginalisation de l'Église dans la société est une réelle épreuve.

Mais ce paysage est contrasté. Il est aussi illuminé par des moments de grâce et d'espérance. Je reste émerveillé par l'expérience qu'il nous a été donné de vivre au mois de novembre 2023 à Lourdes, avec trois cent vingt prêtres de Paris ou en service à Paris ! Depuis mon arrivée en mai 2022, j'avais compris qu'il fallait permettre au presbyterium parisien de franchir une nouvelle étape, après l'incendie de la cathédrale, la crise sanitaire qui avait contraint de ne plus rencontrer d'assemblées chrétiennes pendant de longues semaines de confinement, le choc des révélations d'abus sexuels, spirituels et de pouvoir et la secousse du départ de Mgr Michel Aupetit. Cette accumulation d'événements lourds à porter semblait avoir jeté une forme de discrédit sur le clergé, en augmentant la charge qui pèse habituellement sur ses épaules. Il s'en était suivi une chute de la pratique dominicale qu'il fallait bien reconnaître. Un geste marquant était nécessaire pour recréer l'adhésion et, si possible aussi, une dynamique nouvelle. Je recherchais et me tenais éveillé à toute suggestion. C'est peu à peu, à travers des conversations parfois sans rapport avec ma question, que se dessina le projet d'une invitation inédite jusqu'alors : passer plusieurs jours ensemble, à l'écart de Paris, pour vivre un temps fraternel, priant, non sans programme, mais donnant un grand sentiment de liberté. Le sanctuaire de Lourdes qui nous est si familier, en tout cas à beaucoup d'entre nous, offrait beaucoup des avantages recherchés. J'ai pris le soin d'en parler dès le printemps, non seulement aux prêtres que j'invitais, mais aussi aux fidèles à qui je demandais de coopérer à cette démarche en acceptant que leurs prêtres quittent temporairement leur service quotidien pendant quatre belles journées.

Et la grâce de Lourdes a opéré : la Vierge Marie et sainte Bernadette ont magnifiquement servi ce projet en l'accompagnant de leurs prières d'intercession pour les prêtres et pour le peuple de Dieu. L'atmosphère fraternelle s'est ressentie dès le rassemblement sur le quai de la gare de Montparnasse avant de monter dans le train pour Lourdes. Puis sur place, la prière commune, l'eucharistie quotidienne à la grotte ou à la basilique du Rosaire, les temps d'échanges informels, les trois « conférences » de fin d'après-midi, ont développé le sentiment d'être unis dans une mission commune pour Paris, à travers la diversité des ministères à accomplir, les différences d'âge et d'origines géographiques et sociales, l'histoire spirituelle personnelle. Chacun a pris soin de son voisin, a fait connaissance avec tel ou tel que la vie ne lui avait pas encore permis de rencontrer, tissant pour la première fois ou retissant avec émerveillement quelques fils de l'histoire de l'Église à Paris, cette ville si complexe et si attachante. L'action de grâce fut unanime ! Beaucoup de fatigues et d'inquiétudes avaient été soulagées ; non qu'elles aient disparu, bien sûr, mais leur fardeau semblait peut-être plus léger à porter. Les prêtres pouvaient oser regarder plus franchement l'avenir. Peut-être parce qu'ils se sentaient moins seuls qu'avant cette rencontre à Lourdes.

Des laïcs au cœur de la société

Ce qui m'a le plus marqué à mon arrivée à Paris, outre la condition des prêtres, c'est la transformation démographique de la métropole. Certes, sa population diminue d'année en année, et quoique notre capitale bénéficie d'un apport de jeunes actifs qualifiés, la population parisienne tend à vieillir. Les fléaux de la solitude urbaine et de l'appauvrissement social n'épargnent pas non plus la capitale. C'est pourquoi je suis si touché par l'engagement de tant de chrétiens parisiens pour les pauvres, les sans domicile fixe, les familles précaires. Je suis édifié par l'attention de tous ces paroissiens bénévoles à donner de leurs temps et de leurs moyens pour créer des liens avec ceux qui se sentent rejetés dans les marges de la société.

En mai 2013, 12 000 pèlerins avaient participé à Lourdes au rassemblement national « Diaconia – Servons la fraternité ». Parmi les participants se trouvaient de nombreuses personnes en situation de fragilité, mais aussi 1 500 jeunes et 86 évêques. Ce fut un temps particulièrement fort pour l'Église de France. Un des initiateurs de cet événement, le théologien et jésuite Étienne Grieu, disait à ce propos : l'Église en France, depuis dix ans, a bougé dans son attention aux plus pauvres, dans son attention aux plus égarés dans la vie. Les initiatives se sont multipliées en ce sens. Mais elle n'a pas seulement apporté de l'aide, elle a vécu des partages de vie avec les plus pauvres. C'est ce que fait une diversité d'associations catholiques et de mouvements d'inspiration chrétienne, tels l'APA, Lazare, Marthe et Marie, Simon de Cyrène, Aux captifs la libération, le Secours catholique… etc. Vivre de cette manière permet d'expérimenter une fraternité humaine authentique qui ne se berce pas seulement de mots. Nombre de paroisses de Paris pratiquent également cette dimension fraternelle. J'en visite régulièrement : les communautés sont parfois restreintes, mais extrêmement vivantes et accueillantes pour les personnes seules, isolées, ignorées, en précarité, ou marquées par un handicap ! Bon nombre de lettres de demandes de baptême ou de confirmation que je reçois proviennent de ces paroisses souvent petites mais fertiles en actes de charité. On est en droit de mettre l'accent sur la croissance spirituelle de tous ces nouveaux engagés. Ils pourraient bien annoncer, préfigurer à leur manière, un autre style d'Église que celui que nous connaissons. « C'est à cause de l'aide qu'ils donnent aux pauvres que les chrétiens attirent les gens », fait encore justement remarquer le père Étienne Grieu.

L'Église évolue ainsi d'elle-même, en se vivant autrement, en valorisant son accessibilité en toutes circonstances, en tissant des liens presque familiaux, universels, avec celles et ceux qui manquent de liens. Cette Église en train de changer se montre plus hospitalière, plus encline et spontanée à ouvrir ses portes à ceux qui n'ont rien dans les mains. Je pense à cette autre opération remarquable intitulée « Hiver solidaire » : depuis plus de quinze ans, des paroisses se mobilisent chaque hiver à Paris pour accueillir des personnes à la rue. L'objectif est de leur offrir un abri, mais aussi de leur donner la possibilité de reprendre confiance en elles, grâce aux relations fraternelles établies par des paroissiens investis bénévolement dans cette opération. On ne se borne donc pas à accueillir. On chemine aussi ensemble pendant plusieurs mois. On s'apprivoise les uns les autres. On tisse patiemment des liens qui sentent la délicatesse et l'amitié. Parallèlement, les personnes accueillies peuvent suivre des stages de réinsertion professionnelle et sociale. Voilà un beau et grand défi auquel s'attelle notre Église de Paris. Ce n'est pas une Église hors-sol, mais pleinement enracinée dans le terreau humain. C'est une Église qui se renouvelle au contact des réalités et de ses contemporains.

Mais l'Église n'est pas une fédération d'associations aux organisations bien huilées. Pour être considérée pour ce qu'elle est, un signe de l'amour de Dieu en ce monde, il est impérieusement nécessaire que ces expériences vécues, ces engagements, puissent être admis et reconnus comme autant de témoignages pouvant faire voir et contempler « le ciel sur terre ».

Les jeunes engagés pour les pauvres

Le cardinal Joseph de Kesel, archevêque émérite de Malines-Bruxelles, a écrit que « nous avons beaucoup à offrir au monde mais aussi à recevoir de ce monde[1] ». Beaucoup de jeunes chrétiens l'ont compris et acceptent le fait d'être minoritaires. Ils ne cherchent pas à réarmer leurs convictions pour refaire

1. Cardinal Joseph de Kesel, *Foi et religion dans une société moderne*, Paris, Salvator, 2021.

du nombre. On les repère souvent dans divers mouvements et lieux d'engagement, à la fois priants et serviteurs de la charité. C'est une génération très présente et active dans le scoutisme et autres mouvements éducatifs. Ces jeunes choisissent la solidarité et même la compassion dans leurs communautés, privilégiant ce type d'engagements. À Paris, on les trouve dans des associations bien connues, dans de multiples propositions de colocations avec des personnes en difficultés : jeunes femmes seules avec enfants, polytraumatisés, personnes de la rue. L'opération Hiver solidaire, dont je parlais plus haut, implique maintenant presque la moitié des paroisses parisiennes ! D'autres associations et paroisses offrent chaque jour des repas aux nécessiteux dans une ambiance et un accueil fraternels. Sans cesse je découvre de nouvelles initiatives. Elles n'offrent pas seulement une aide matérielle mais elles créent des liens fraternels. Il y a ainsi dans l'Église de France tout un réseau humanitaire, trop méconnu ou inaperçu, qui se développe, animé par une foi capable, parfois, de soulever des montagnes !

L'Église change : Diaconia en 2013, à Lourdes, a ouvert la voie à cette transformation orientée vers le service du prochain le plus démuni. Les œuvres de charité sont la priorité de cette Église en mutation. Aujourd'hui, la plupart des jeunes chrétiens ont envie de vivre leur foi et de nourrir les autres par leur foi. Leur combat, tel que je le ressens, n'est pas animé par un sentiment de revanche ou de conquête, mais par une force sereine qui est celle de l'espérance chrétienne. Pour ces jeunes que j'aime rencontrer et écouter, ce qui compte c'est ce qui va changer le monde, c'est ce qui va faire gagner la paix.

Andrea Riccardi insiste beaucoup sur cet aspect de la foi qui se vit dans l'action. Comme le dit saint Jacques dans son épître : *Toi, tu as la foi ; moi, j'ai les œuvres. Montre-moi donc ta foi sans les œuvres ; moi, c'est par mes œuvres que je te montrerai la foi*[1].

Ce que l'Église fait doit se comprendre selon les trois vertus théologales : la foi, l'espérance et la charité.

Nous faisons, jour après jour, l'expérience vitale de ces trois-là : c'est tantôt la célébration de la liturgie et des sacrements, la catéchèse et la formation biblique ou théologique qui développent l'expression de la foi ; tantôt l'accompagnement des malades et des mourants, mais aussi l'engagement à l'éducation des jeunes, qui fortifient l'espérance ; tantôt les multiples actions de solidarité, de fraternité auxquelles de nombreux groupes paroissiaux et d'associations nous rendent sensibles, qui entretiennent cet esprit de charité venant du Christ lui-même.

Les grands projets récents du diocèse de Paris illustrent cette démarche théologale. Ce fut la

1. Jacques 2, 18.

volonté de disposer d'un lieu d'annonce de la foi par le dialogue avec la société contemporaine, qui s'est concrétisée par le collège des Bernardins, inauguré en 2008. Le relèvement de Notre-Dame de Paris rendu possible par l'élan donné par les grands mécènes et la générosité mondiale, est aussi un chantier dans lequel le diocèse s'est financièrement engagé – et d'ailleurs, depuis une trentaine d'années, la construction de nouvelles églises aux quatre coins du diocèse l'illustre aussi : c'est la célébration de l'espérance chrétienne qui était ici en jeu. Enfin, avec le projet de la Maison Visitation-Vaugirard, d'habitat partagé par des associations innovantes du domaine de la solidarité, c'est le service de la charité qui est honoré. Et d'autres projets du diocèse, comme la maison Bakhita, inaugurée en 2021 et dédiée à l'accueil et à l'intégration des personnes exilées, l'ont récemment montré.

La liturgie, louange à Dieu, lumière pour le croyant

Saint Jacques a raison d'insister sur le témoignage de foi par les œuvres. Mais dans son épître, il attire l'attention de ses lecteurs sur la façon dont ils prient. Car il faut bien prier. En effet, précise-t-il : *La prière agissante a une grande efficacité.* Or, la ferveur de la prière vient de Celui auquel elle s'adresse, c'est-à-dire Dieu. Prier, c'est par conséquent miser sur une force, mais une force qui vient de Dieu et non pas de nous-mêmes. C'est pourquoi je crois profondément que la liturgie – qui est l'accomplissement de la prière chrétienne vécue en communauté – est vraiment une clé d'entrée dans le monde autre. Ainsi quand nous chantons au cours de l'eucharistie : « Saint, Saint, Saint le Seigneur Dieu de l'univers », nous reprenons une vision de l'Apocalypse[1] et la vision d'Isaïe, au chapitre 6[2]. C'est en effet une liturgie céleste qui nous transporte dans la contemplation de Dieu qui se fait connaître et approcher.

Ici intervient la visibilité du rite, grâce à l'encens, aux ornements, aux chants… etc. Le chant, c'est la parole du monde nouveau : « Bien chanter c'est prier deux fois », disait saint Augustin. Chanter permet en effet de prier avec sa tête et avec son cœur, mais aussi avec son corps tout entier. Dans le monde céleste, on chante sans cesse la gloire de Dieu : les anges et les saints dansent dans une ronde permanente, comme l'a imaginé Fra Angelico dans une de ses célèbres peintures. Au ciel, les élus sont pris d'une sorte d'allégresse, d'enthousiasme… d'extase ! On comprend que la liturgie ne peut être ni trop bavarde, ni trop empressée. La liturgie doit être ce lieu d'une illumination gratuite et j'attache personnellement de l'importance à ce que la liturgie soit effectivement le

1. Apocalypse 4, 8.
2. Isaïe 6, 3.

moment dans lequel on puisse s'ouvrir à l'indicible, au mystère. Mais en même temps, en gardant bien les pieds sur terre ! C'est-à-dire en tenant compte de la réalité que nous vivons, qui est souvent difficile et parfois même souffrante. Il faut donc qu'il y ait des mots qui rappellent et la difficulté, et la complexité, et le combat de la foi. Et si l'on méprise cette dimension terrestre et humaine, alors nous ne sommes pas entendus.

Je crains parfois qu'on ne se méprenne sur le vrai sens de la liturgie. Le quotidien doit être présent dans la liturgie, parce qu'elle est une invitation à lever les yeux vers le Seigneur et vers le ciel. Mais cette élévation du regard ne nous sépare pas du monde, au contraire, elle nous procure la force de vivre ensuite sur notre terre, avec nos sœurs et frères humains, cette relation filiale avec Dieu qui est au ciel. La prière du Sanctus que nous disons à la messe, entre la préface et la prière eucharistique, est une introduction au grand mystère que nous allons vivre en assemblée. Et que disons-nous dans cette prière ? « Le ciel et la terre sont remplis de ta gloire. » Dans ce verset, il y a bien la prise en compte du ciel et de la terre comme partenaires inséparables de la gloire de Dieu. Il faut aussi souligner un autre point important de la liturgie : l'Alléluia, la proclamation de l'Évangile et le Sanctus nous préparent à entrer dans le mystère ; puis vient le moment où le Seigneur se donne dans l'eucharistie et dans les autres sacrements. On ne peut pas combler l'attente liturgique uniquement par des mots ; on la comble aussi par du silence, du chant, de la lumière. Le pape François insiste beaucoup, dans *Desiderio desideravi*[1], sur la matière toujours très simple et usuelle sur laquelle reposent les sacrements : l'eau, l'huile, le pain, le vin, la lumière des cierges, la fumée parfumée de l'encens : « Que ma prière monte devant toi, Seigneur, comme l'encens. »

Depuis le concile et la réforme liturgique de 1969, la prière universelle nous aide à garder les pieds sur terre : nous vivons dans la chair du monde, mais déjà portés par la grâce du Seigneur. C'est probablement l'un des moments les plus importants introduits par la réforme liturgique. C'est une nouveauté apportée au Missel à laquelle Paul VI tenait beaucoup. Si la prière d'intercession était en effet restée courante dans les Églises d'Orient, elle ne s'exprimait plus dans la prière des fidèles au cours de la messe du rite latin. Cette prière fait aujourd'hui parfois figure de routine : c'est un tort ! Cette réhabilitation de la « prière des fidèles » permet, d'une part, d'honorer la logique de la foi : à savoir rendre grâce, faire mémoire et supplier ; d'autre part, elle fait s'associer la prière de

1. *Desiderio desideravi*, ce titre reprend une phrase de l'évangile de S. Luc : *j'ai désiré d'un grand désir manger cette Pâque avec vous.* Ce texte du pape François, du 29 juin 2022, est une belle invitation à la formation liturgique du peuple chrétien.

l'Église tout entière à celle du Christ. C'est pourquoi la prière universelle peut revêtir une forme solennelle. Elle est souvent chantée, comme la litanie des saints, qui est aussi une prière universelle, puisque l'on y invoque tous les saints et qu'on termine en disant : « Daigne bénir, daigne consacrer celui que nous te présentons. » Il s'agit ainsi de présenter nos intentions : « Donne à celui que tu choisis pour le baptême, donne à celui que tu choisis pour l'ordination, force, courage, bonté, espérance, pour entrer avec Toi dans ce monde renouvelé, déjà promis à la Résurrection. » On en appelle au plus profond de l'intériorité humaine par ces gestes rituels, pour que se produise une ouverture vers le ciel. Mais si cette ouverture vers le ciel se solde par une omission du présent et du quotidien, alors la liturgie n'est pas juste. De même, si on ne valorise que le présent, l'actualité la plus immédiate, en oubliant l'appel de l'avenir, l'appel et le don de Dieu, alors la liturgie est incomplète.

Telle est la raison pour laquelle l'Église s'est toujours présentée en maîtresse de la liturgie. La forme liturgique n'est pas un choix individuel de chaque chrétien, la liturgie est donnée par l'Église aux fidèles pour chanter la gloire de Dieu. Il faut le redire et le répéter : la liturgie est une « entrée dans le mystère », selon une formule ancienne. Quand l'Église change la façon de faire, elle est dans sa responsabilité pour permettre aux signes de mieux nous parler du don de Dieu. La liturgie n'est un pas terrain d'appropriation. La vraie attitude liturgique, c'est d'accueillir la liturgie que l'Église donne au peuple de Dieu de la part de Dieu. Il est certain qu'il y a pu avoir des initiatives malheureuses et peu soucieuses de la vérité liturgique, mais ce n'est pas une raison suffisante pour refuser aujourd'hui de célébrer selon la règle communément établie par l'Église. Ces critiques, quand elles sont fondées, n'empêchent pas que la liturgie de Paul VI soit sur le grand arbre de la tradition liturgique de l'Église : même si elle en est l'expression actuelle, contemporaine, elle ne s'oppose pas à la tradition. Le pape Pie V a fait œuvre de nouveauté au XVIe siècle quand il a promulgué la messe qui porte son nom. Paul VI, lui aussi, a fait œuvre de nouveauté en promulguant la messe qui porte son nom. Mais tous deux ont réformé la liturgie dans le jaillissement d'une même tradition. Comme dit l'Ecclésiaste, il y a un moment pour tout dans la vie : le moment saint Pie V a duré quatre siècles. Il y a maintenant le moment saint Paul VI qui est fait pour durer et exprime l'enseignement du concile Vatican II. Pour autant, c'est toujours le même mystère dans lequel nous introduit la liturgie.

La liturgie éduque à l'intériorité. J'aborde ici un sujet essentiel : l'éducation à l'intériorité ; apprendre à porter un regard intérieur sur le don de Dieu. Qu'est ce qui nous manquerait, s'il n'y avait pas la beauté du ciel qui nous est déjà offerte ? C'est une poétique de l'existence. Le monde est si beau, malgré les douleurs et les violences qui le défigurent. J'ai toujours en tête cette citation bouleversante du testament de Paul VI : « Je ferme les yeux sur cette terre douloureuse, dramatique et magnifique, en appelant encore une fois sur elle la Bonté divine[1]. » Un monde beau et tragique dans lequel se révèlent la présence, l'appel et la compassion, la miséricorde de Dieu. La liturgie nous ouvre à la perception que le lieu de Dieu et le lieu de l'homme ne sont pas les mêmes.

Le ciel apprivoise la foi

Le poète Jacques Prévert écrivait : « Notre-Père, qui êtes aux cieux… Restez-y. » On peut entendre ces paroles comme une volonté de chasser Dieu de l'horizon. Mais on omet souvent de citer la suite du poème : « Et nous, nous restons dans ce monde qui n'est pas facile. » Cette citation me fait penser à cette nécessaire distinction entre le lieu de Dieu et le lieu de l'homme, qui pourtant finissent par se rejoindre et se parler. Je pense donc que ce qui manquerait s'il n'y avait pas la beauté du ciel, c'est que nous ne pourrions

1. Testament de Paul VI, 16 septembre 1972. À lire intégralement sur le site du Vatican.

pas sortir de l'enfermement de l'homme sur l'homme. C'est du ciel que surgit la Parole ; les évangiles nous le rappellent : quand Jésus est baptisé par Jean Baptiste dans les eaux du Jourdain, le ciel s'ouvre soudain et une voix se fait entendre ! Nous laisserons-nous donc nous aussi traverser par une Parole qui passe par nos langages humains mais qui vient d'ailleurs ?

On peut aussi citer cette belle invitation d'Angelus Silesius, un mystique allemand du XVIIe siècle : « Arrête, où cours-tu donc : le ciel est en toi, et chercher Dieu ailleurs c'est le manquer toujours. » Pour pouvoir découvrir la liberté de Dieu qui habite en chacun de nous, la liturgie entretient en nous un feu qui brûle ! Cette citation d'Angelus Silesius me fait également penser à Madeleine Delbrêl qui, plaisamment, écrit : « Mon Dieu, si vous êtes partout, comment se fait-il que je sois si souvent ailleurs[1] ? » Comment ne pas évoquer aussi saint Augustin faisant le récit de sa conversion sous la forme d'une conversation avec Dieu :

> Trop tard je t'ai aimée
> Beauté si ancienne et si neuve,
> Trop tard je t'ai aimée
> Regarde.
> Tu étais à l'intérieur, j'étais dehors à ta recherche.

1. Madeleine DELBRÊL, *Alcide. Guide simple pour simples chrétiens*, chapitre « De la vie avec Dieu », Paris, Seuil, 1995.

J'étais difforme, je me jetais sur l'élégance de tes formes.
Tu étais avec moi, je n'étais pas avec toi.
Ce qui me retenait loin de toi pourtant n'existerait pas sans exister en toi.
Ton appel. Ton cri.
Tu as broyé ma surdité.
Éclair. Splendeur.
Tu as fait fuir mon aveuglement.
Parfum. Je t'ai respiré. Je t'ai inhalé.
Je t'ai goûté. Ma faim. Ma soif.
Tu m'as touché. J'ai pris feu dans ta paix[1].

La liturgie éduque à l'intériorité, disais-je plus haut. On peut dire autrement qu'elle forme à la liberté intérieure, car elle ouvre la porte du ciel. Par contraste, les régimes totalitaires ferment toujours la porte du ciel. Ils y sont contraints pour maintenir leur pouvoir et leur tyrannie. L'illusion qu'ils imposent à leurs populations par la force est d'être les seuls détenteurs du pouvoir de distribuer le pain quotidien leur permettant de manger à leur faim. Pour maintenir cette illusion et garder le pouvoir, ils sont obligés de fermer la porte du ciel, pour apparaître comme les seuls maîtres de tout. C'est pourquoi ils interdisent et persécutent les religions, parce qu'elles sont des lieux de liberté et de contestation de

1. Saint Augustin, *Les Aveux*, nouvelle traduction des *Confessions* par Frédéric Boyer, Paris, P.O.L., 2008, livre X, chapitre 27, paragraphe 38.

leur mainmise sur les consciences ! Mais un jour, la liberté qu'apportent les religions finit par regagner : on l'a vu dans la chute de l'ancien bloc soviétique. Quand les régimes totalitaires sont confrontés à une résistance spirituelle, ils s'effondrent.

On ne peut pas oublier que c'est la prédication d'un pasteur évangélique à Berlin qui a fait vaciller le régime en Allemagne de l'Est : l'ouverture de son église protestante a été à l'origine des événements libérateurs de l'été 1989. L'encadrement des religions par tous les totalitarismes est bien le signe que les religions, et le christianisme en particulier, ouvrent un espace de liberté. J'ai eu le privilège de célébrer le dixième anniversaire de la béatification de Mgr Vladimir Ghika (1873-1954) : ce prêtre de Paris, né en Roumanie et membre d'une famille princière de son pays, était passé de l'orthodoxie au catholicisme. Toute sa vie il œuvra pour l'unité de l'Église et montra une grande charité pour tous les blessés de la vie. Pendant la Seconde Guerre mondiale, il porta secours à ses compatriotes roumains. Il termina sa vie dans les geôles du régime communiste après avoir subi des brimades et des tortures. « Pour lui, les murs de la prison n'existaient pas. Il était libre, parce qu'il faisait la volonté de Dieu[1]. » Un tel

1. Francisca Baltaceanu et Monica Brosteanu, *Vladimir Ghika, Professeur d'espérance*, Paris, Cerf, 2 juin 2022, préface de Mgr Philippe Brizard, p. 20.

témoignage, parmi tant d'autres, donné par un de ses camarades de détention, me fait croire vraiment que, s'il n'y avait pas le ciel, ce qui nous manquerait, c'est la joie et la liberté.

Je crois que cette joie et cette liberté ont animé les quelque deux mille cinq cents évêques participant au concile Vatican II entre 1962 et 1965. C'est ce qui ressort du témoignage d'un des acteurs de cet événement. Il n'était alors pas encore évêque, mais expert théologien ; puis il est devenu pape sous le nom de Benoît XVI :

> Nous sommes allés au concile, non seulement avec joie, mais avec enthousiasme. Il y avait une attente incroyable. Nous espérions que tout se renouvelle, que vienne vraiment une nouvelle Pentecôte, une nouvelle ère de l'Église, parce que l'Église était encore assez robuste en ce temps-là, la pratique dominicale encore bonne, les vocations au sacerdoce et à la vie religieuse étaient déjà un peu réduites, mais encore suffisantes. Toutefois, on sentait que l'Église n'avançait pas, se réduisait, qu'elle semblait plutôt une réalité du passé et non porteuse d'avenir. Et à ce moment-là, nous espérions que cette relation se renouvelle, change ; que l'Église soit de nouveau une force pour demain et une force pour aujourd'hui. Et nous savions que la relation entre l'Église et la période moderne, depuis le commencement, était un peu discordante, à commencer par l'erreur de l'Église dans le cas de Galilée ; on pensait corriger ce mauvais commencement et trouver de nouveau l'union entre l'Église et les meilleures

forces du monde, pour ouvrir l'avenir de l'humanité, pour ouvrir le vrai progrès. Ainsi, nous étions pleins d'espérance, d'enthousiasme, et aussi de volonté de faire notre part pour cela[1].

Pourquoi le concile Vatican II a été prophétique

Le bel enthousiasme créé par l'événement du concile fut suivi d'une période moins euphorique et peut-être plus contradictoire et transitoire que prévue, et dont nous sommes encore les contemporains. Le constat de Paul VI, dressé le 29 juin 1972 pour le neuvième anniversaire de son intronisation papale, résonne encore dans nos mémoires : « On croyait qu'après le concile le soleil aurait brillé sur l'histoire de l'Église. Mais au lieu du soleil, nous avons eu les nuages, la tempête, les ténèbres, la recherche, l'incertitude[2]. »

L'Église est-elle tentée de faire du rafistolage, parce qu'elle a sous-estimé le phénomène de la sécularisation ? Je ne sais si on l'a sous-estimé mais il me semble que l'analyse du monde qui se sécularise

1. Discours du pape Benoît XVI lors de sa rencontre avec le clergé de Rome, le 14 février 2013, à lire intégralement sur le site du Vatican.

2. Homélie de Paul VI à l'occasion du 9e anniversaire de son couronnement, 29 juin 1972, disponible sur le site du Vatican (en version italienne).

n'est pas absente de l'optimisme de Vatican II. Je pense que le concile a été prophétique. Dans *Gaudium et Spes* par exemple, on évoque ce monde qui se dit ou se croit capable de se passer de Dieu. Il y a même cette affirmation forte qui reconnaît que les contre-témoignages des chrétiens ont favorisé le développement de l'athéisme :

> Dans cette genèse de l'athéisme, les croyants peuvent avoir une part qui n'est pas mince, dans la mesure où, par négligence de leur foi, par des présentations trompeuses de la doctrine et aussi par des défaillances de leur vie religieuse, morale et sociale, on peut dire qu'ils voilent l'authentique visage de Dieu et de la religion plus qu'ils ne le révèlent[1].

Le concile a voulu alerter sur le monde dans lequel nous entrons, mais l'ensemble des chrétiens ne l'ont pas vraiment saisi. Les théologiens et les penseurs belges et français, qui ont beaucoup fait pour ce concile, ont insisté sur ce contexte : Vatican II a soulevé des questions incomprises par les mentalités de l'époque, que l'on commence seulement maintenant à apercevoir.

Le pape Benoît XVI, qui s'est beaucoup intéressé à la théologie fondamentale, à la christologie et à la liturgie, a exprimé avec force ce phénomène dans

1. Vatican II, Constitution pastorale sur l'Église dans le monde de ce temps *Gaudium et Spes*, § 19-3.

sa dernière intervention aux prêtres de Rome au moment de son départ. Mais a-t-on pris au sérieux ses propos ? Il a souligné qu'il voyait, cinquante ans après le concile, l'importance des derniers textes conciliaires : notamment le texte sur la liberté religieuse, si novateur, celui aussi sur la doctrine sociale de l'Église, et celui enfin qui appelle aux nécessaires relations avec les autres religions.

> Ces deux documents, *Dignitatis Humanae* (liberté religieuse) et *Nostra Aetate* (relations de l'Église avec les religions non chrétiennes), unis à *Gaudium et Spes*, forment une trilogie très importante, dont l'importance s'est manifestée seulement au cours des décennies qui ont suivi. Nous travaillons encore pour mieux comprendre cet ensemble entre unicité de la Révélation de Dieu, unicité de l'unique Dieu incarné dans le Christ, et la multiplicité des religions, avec lesquelles nous cherchons la paix, et aussi le cœur ouvert par la lumière de l'Esprit Saint, qui éclaire et conduit au Christ[1].

Osons la question : est-ce que le concile ne nous aide pas à entrer dans le monde actuel ? Moi-même j'ai mis un certain temps à comprendre la portée de ses intuitions prophétiques. Le dialogue avec le monde n'est certes pas chose facile. Ce concile n'a

---

1. Dans l'ordre : *Dignitatis humanae, Gaudium et Spes, Nostra Aestate*. Citation à lire en intégralité sur le site du Vatican : Rencontre avec le clergé de Rome, discours du pape Benoît XVI, jeudi 14 février 2013.

pas négligé la doctrine catholique, il l'a remise en dialogue avec le monde. C'est une boussole pour l'Église, comme l'ont affirmé successivement Jean-Paul II et Benoît XVI. Maintenant on peut s'atteler à ce travail, et on n'a pas fini de s'approprier ses réalités. Mais que la tâche soit longue n'est pas un fait étonnant : il a fallu au concile de Trente un siècle pour s'implanter dans la société ; et il n'a été reçu en France qu'au XVIIe siècle sous l'autorité conjointe du roi qui en a fait enregistrer les décisions et des évêques qui les ont mises en œuvre[1].

Le concile Vatican II, encore peu compris

Pour comprendre le concile Vatican II, dont les ressources sont loin d'être épuisées, il faut prendre du recul. Il faut nécessairement le resituer dans le contexte, replonger dans l'ambiance décrite par Benoît XVI. De même, il est important de prendre du champ pour relire la transmission qui a été faite de Vatican II depuis ces soixante dernières années pour mettre en valeur l'apport des papes qui se sont

1. Un colloque tenu à Paris en janvier 2022 donne à ce sujet des précisions intéressantes que je ne détaille pas ici : C. Maire, B. Bourdin, P. Guéniffey (dir.), *Le « gallicanisme » : une singularité française ?*, Paris, Cerf, 2024. Voir en particulier la contribution de B. Basdevant-Gaudemet. D'autres contributions soulignent que le même phénomène a pu être observé, quoique de façons diverses, dans les différents pays européens.

succédé. En effet, leurs pontificats respectifs ont souvent été difficiles à comprendre sur-le-champ par l'opinion publique. Un temps est toujours nécessaire pour dresser un bilan raisonné et équitable d'une action, qu'elle soit d'ailleurs privée ou publique. On a ainsi beaucoup entendu parler des polémiques concernant le comportement de Pie XII durant la Seconde Guerre mondiale ; ces critiques ont éclipsé, mais n'ont pas pu effacer, un certain nombre de décisions réformatrices prises par ce pape : par exemple, la restauration de la Vigile pascale en 1951 ou encore sa mise en garde contre le dolorisme conçu parfois par des chrétiens comme une obligation morale.

Depuis Vatican II, chaque pape avec son style et son génie propres a été, à mes yeux, une démonstration vivante de la liberté de Dieu à l'œuvre dans l'Église catholique. Saint Jean XXIII avait peut-être la figure d'un homme âgé pour diriger l'Église mais il s'est révélé un homme profondément libre. Sa riche expérience diplomatique et œcuménique en Roumanie, interreligieuse en Turquie, puis ici à la nonciature à Paris, et son ministère comme patriarche de Venise lui ont donné cette grande liberté d'esprit et de parole. Saint Paul VI, sous une apparence fragile et réservée, a témoigné d'une force et d'un courage à toute épreuve qui lui ont permis de conduire et de mener jusqu'à son terme l'entreprise délicate et à haut risque que fut le concile. Il souffrit sans doute beaucoup des incompréhensions et des critiques que lui coûta sa mise en œuvre. Mais avant sa mort, il publia l'un des plus beaux textes de l'Église sur la joie chrétienne. Saint Jean-Paul II m'a nommé évêque et j'ai pu l'approcher et sentir de près sa bonté et son énergie. Il aura été le pape globe-trotter, parcourant le monde entier pour lui annoncer avec vigueur et détermination la Bonne Nouvelle. Il n'a pas négligé son soutien à ses compatriotes polonais dans leur lutte de libération contre la dictature communiste. Mais parce qu'il était aussi un homme d'autorité, ce pape à la grande dévotion mariale a été aussi critiqué et redouté. Benoît XVI, dont la réflexion théologique a marqué plusieurs générations de prêtres, dont la mienne, a œuvré durant son pontificat à renouveler l'intelligence du don de Dieu. Excellent pédagogue, animé par le désir d'expliquer, avec clarté et limpidité, il a su mettre l'Évangile à la disposition du plus grand nombre. Et puis, il posa cet acte de grande liberté intérieure en se retirant de la scène pour le bien de l'Église. Enfin, François, élu à la surprise générale ! Tout son pontificat est stimulé par le désir d'ouvrir les portes de l'Église, d'explorer des champs nouveaux, tout en revenant sans cesse à la fraîcheur première de l'Évangile, pour ne pas laisser se diluer la Parole au risque même de la rendre un peu rugueuse et exigeante.

L'Église est chanceuse d'avoir eu de tels capitaines à sa barre. Tous se sont montrés forts par leur simple présence. Tous ont témoigné de persévérance au milieu des épreuves qui n'ont jamais manqué. Pas un seul n'a fléchi devant sa mission. Un jour, un prêtre m'a dit : « C'est formidable de regarder l'histoire récente de l'Église : on a toujours eu les papes qu'il fallait au moment où il fallait ! » C'est vrai. C'est pour moi un signe que Dieu n'abandonne jamais son Église ; et que Sa liberté est bien agissante à travers les grands serviteurs qu'il donne à l'Église et à son peuple.

Que sera l'avenir de l'Église ? Comment les catholiques vivront-ils leur mission au XXIe siècle ? En 2025 va se dérouler une Année sainte ordinaire qui coïncidera avec le soixantième anniversaire de la clôture du concile Vatican II[1]. On a parfois un peu l'impression que pour beaucoup de personnes, y compris pour certains catholiques, il s'agit d'une affaire réglée, datée. On le considère même comme un événement historique dépassé et non pas comme une expérience spirituelle et ecclésiale à poursuivre. Je crains ces réactions plus ou moins conscientes. Le concile, qu'on a tendance à figer dans un calendrier – les années 1962-1965 – a impulsé une dynamique, un processus qui n'est pas fini, comme le répète le pape François. Je crois, comme l'a écrit

1. Et aussi avec le 17e centenaire du concile de Nicée (Turquie actuelle), au cours duquel a été établi le texte du Credo, symbole de Nicée-Constantinople, qui fixe la doctrine trinitaire de l'Église.

Mgr Gérard Defois, mon prédécesseur à Lille, que « ce concile a encore tant à nous dire[1] ! », par ses textes, mais aussi par l'expérience qu'a vécue cette assemblée conciliaire, ecclésiale et mondiale. Cette réunion, inédite dans les annales de l'Église, de quelque 2 500 représentants d'Églises locales venant de tous les continents (même si certains pays n'ont pas autorisé, pour des raisons politiques, les évêques à se rendre à Rome) a suscité un intérêt d'ampleur mondiale. Une pareille expérience conciliaire produit encore du fruit puisqu'elle a mis en route ce qui se réalise à Rome avec le synode tel que le pape l'a envisagé, en lui donnant une dimension internationale. Il est impossible de dire actuellement ce qui en émergera. On le découvrira sur le long terme. Le synode continue en fait le processus de conversion engagé par le concile ; ce processus demande du temps et de la patience. Comme toute démarche de conversion, l'Église est embarquée dans un voyage au long cours.

J'aime ici redire cette présentation synthétique que le concile Vatican II a donnée du mystère profond de l'Église : « L'ensemble de ceux qui regardent avec la foi vers Jésus, auteur du salut, principe d'unité et de paix, Dieu les a appelés, il en a fait l'Église, pour qu'elle soit aux yeux de tous et de chacun, le

1. Gérard Defois, *Ce concile qui a tant à nous dire*, Paris, Cerf, 2015.

sacrement visible de cette unité salutaire[1]. » L'attirance vers Jésus est déjà un appel de Dieu qui nous constitue en une assemblée qui, par-delà ses faiblesses et fragilités, porte un témoignage qui la dépasse et la met sans cesse en mouvement vers les autres, vers son Seigneur, et vers l'avenir en Dieu.

Autre actualité de Vatican II : la doctrine sociale

Comment faire pour ne pas mettre « sous cellophane » le concile Vatican II ? D'abord, peut-être, convient-il d'éviter de réduire cet événement à des impressions trop françaises. Je crois qu'à travers le monde, beaucoup d'Églises adhèrent à ce mouvement, en Amérique latine, par exemple, présentée souvent comme le laboratoire continental des intuitions conciliaires et dont notre pape François est un éminent représentant. Je pense aussi au retentissement de l'encyclique sur la sauvegarde de « notre maison commune », *Laudato Si'*, de celle aussi sur la fraternité, *Fratelli Tutti*, deux textes imprégnés de l'esprit d'ouverture au monde instigué par Vatican II. L'essor des dialogues initiés avec les autres confessions chrétiennes et avec les autres

---

1. Vatican II, Constitution dogmatique sur l'Église *Lumen Gentium*, § 9.

religions représente encore un beau fruit du concile. Ce dernier a créé un mouvement profond et durable qui suscite forcément de la contradiction, de l'opposition, car il nous oblige tous à changer des habitudes et à ouvrir des perspectives. Là encore, il est bon de revisiter l'histoire de l'Église. À chaque concile a succédé un temps de maturation plus ou moins long où des critiques, des disputes et des expérimentations se sont fait jour. En 325, le concile de Nicée a mis en valeur l'unité du Christ : il a été proclamé que le Christ était « vrai Dieu et vrai homme ». Ce dogme de l'unicité de la personne de Jésus devait mettre fin à la controverse opposant les tenants de son humanité et ceux de sa divinité. Il fut en réalité très contesté pendant les soixante ans qui ont suivi. Il a fallu alors convoquer un autre concile, à Constantinople en 381, pour que, plus aucun des membres du concile précédent n'étant vivant, soit entérinée cette vérité dogmatique : « Ce que nous avons dit à Nicée, c'est la foi catholique, c'est ce que nous croyons. » Ce cheminement a été long, escarpé même, mais il ne s'est pas transformé en impasse.

Ce cheminement, beaucoup de catholiques aimeraient qu'il soit davantage marqué par des engagements sociaux : ils attendent de l'Église des prises de position radicales et définitives. Ils revendiquent des politiques chrétiennes de la famille, de l'environnement, de la justice sociale, des relations internationales... etc. Mais, lorsqu'on lit les Évangiles, on n'a pas l'impression que Jésus définisse une ligne politique : qu'il s'agisse de l'occupation romaine ou de l'esclavage, il ne dit mot. On retrouve ici les questions qui alimentent un débat déjà ancien maintenant : est-ce qu'il y a une politique chrétienne ? Ou est-ce qu'il y a une manière chrétienne de faire de la politique ? Ou encore, le christianisme désignerait-il une troisième voie entre le libéralisme et le socialisme ?

On considérait, naguère, la doctrine sociale de l'Église comme une troisième voie politique possible entre le capitalisme et le communisme : c'est devenu un non-sujet maintenant. Ce n'est plus une troisième voie politique, ni surtout une troisième voie économique. Je crois qu'il faut se poser autrement la question : « Qu'est-ce que signifie la doctrine sociale de l'Église ? » Elle n'est pas un combat partisan, au sens politique du mot, cela est très clair : mais pas non plus un ensemble d'éléments épars et facultatifs.

La destination universelle des biens

Alors, comment concrétiser cette doctrine, par quelles options sociales ? Par quels gestes significatifs ? Mais est-il facile de négocier et de dialoguer dans une société pluraliste, où les références philosophiques, éthiques de chacun sont diverses et souvent opposées ? Une diversité de codes et de valeurs est mise en débat. Il y a des points essentiels sur lesquels nous sommes fermes – la vie, la mort, l'amour –, c'est évident. Toutefois, quand nous les énonçons publiquement, nous constatons aussi qu'ils ne sont pas entendus par tout le monde. Si nous les présentons comme des sujets programmatiques non discutables, nous ne serons pas écoutés mais suspects d'être enfermés sur nous-mêmes. Je crois pour ma part que toute préconisation, même si elle doit être source d'antagonisme et de conflit, doit s'exprimer dans le cadre d'un dialogue qui permette la réalisation d'une rencontre humaine !

Or nous avons hérité d'un trésor, c'est la Parole de Dieu, c'est le Christ, le Verbe de Dieu. Homme parmi les hommes, Il n'a jamais cessé de rencontrer, d'interroger, d'écouter, de se laisser interroger durant toute sa vie. Il s'est laissé entraîner dans des dialogues et sur des chemins difficiles, voire piégés. Telle est la raison première qui justifie l'élaboration d'un enseignement social. Il se traduit d'abord par un certain nombre d'attitudes et de dispositions propices aux échanges, au partage d'engagements, à une disponibilité pour autrui. Quand nous affirmons que la terre est un don, qu'elle est à tous, nous défendons l'idée que ces biens sont partageables par tous. L'Église parle d'une destination universelle des biens. C'est le point capital, une conviction préalable. La terre est un don, ses biens, ses richesses doivent être disponibles pour les hommes et les femmes du monde entier. On ne peut pas les réserver seulement à quelques-uns. La propriété privée – c'est le deuxième point – est grevée par cette destination universelle. C'est-à-dire : je possède, j'ai donc des moyens d'agir mais je ne possède pas pour mon intérêt personnel exclusivement. Tout homme doit se préoccuper des effets secondaires et périphériques de ce qu'il possède sans exclure le bénéfice de tous ses biens pour tous.

La doctrine sociale de l'Église s'est beaucoup augmentée et enrichie depuis la parution de l'encyclique *Rerum Novarum* du pape Léon XIII en 1891, qui est considérée comme son document inaugural. Cette encyclique condamnait à la fois la paupérisation de la classe ouvrière et sa récupération politique par le « socialisme athée ». Cette doctrine se renouvelle en permanence en intégrant les évolutions contemporaines de l'économie et de la société. Avec le pape François, elle s'est étoffée de deux nouvelles encycliques sociales, *Laudato Si'*, sur la sauvegarde de la Création, et *Fratelli Tutti*, sur la fraternité, rebaptisée par le pape « amitié sociale ». Ainsi, au fur et à mesure des expériences sociales, de nouveaux éléments de réflexion se sont imposés, par exemple, sur l'urbanisation, l'égale dignité de tous les hommes, une économie davantage au service de l'homme, l'attention portée à la vie humaine de sa conception à sa mort naturelle. Nous espérons que nos sociétés sécularisées et multiculturelles puissent se laisser interpeller par les points de cet enseignement que nous livrons à leur réflexion.

Nous n'emportons plus la décision politique au plus haut niveau dans nos sociétés sécularisées et nous n'en éprouvons aucune frustration ou nostalgie. Mais nous souhaitons, comme d'ailleurs d'autres acteurs et partenaires de la société civile, pouvoir présenter librement cette pensée où la justice sociale et l'économie solidaire tiennent une grande place.

Comprenons-nous bien ce qui est en jeu quand on parle de doctrine ? Il ne s'agit pas d'imposer un principe fermé à tout échange de vues, une réglementation indiscutable. Seulement, nous la proposons à la discussion générale, car elle apporte des éléments que nous considérons comme cohérents par rapport à la foi que nous professons. En effet, la doctrine, la signification du mot « doctrine », c'est la mise en application du principe de non-contradiction avec ce que nous croyons. Peu à peu, elle s'est centrée sur l'idée principale du respect dû à tous : elle se manifeste par une attention extrême à la fraternité avec, je le répète, une vigilance primordiale accordée à la vie humaine depuis son commencement jusqu'à sa fin naturelle.

La loi, la foi et la laïcité

Comment nous comporter en catholiques dans la société moderne, pluraliste et laïque où nous vivons ? Pour répondre, j'évoquerai la figure de saint Jean Bosco (1815-1883), prêtre salésien, autrement dit disciple de saint François de Sales, et pédagogue italien du XIXe siècle. Il est encore célèbre de nos jours car il a créé les patronages voués à l'éducation populaire des jeunes en milieux précaires. Je pense en particulier à sa première rencontre avec un jeune de la rue : allait-il faire un mauvais coup dans la sacristie où il rôdait ? Don Bosco se contenta de lui demander s'il savait siffler : « Je forme des bons chrétiens et des honnêtes citoyens », disait-il. Cette formule peut encore être une bonne source d'inspiration aujourd'hui. Former d'honnêtes citoyens, c'est en effet toujours d'actualité ! Faut-il en déduire que nos choix doivent se limiter à une obéissance servile à la loi civile, même quand celle-ci déroge à nos convictions les plus profondes ? La laïcité n'interdit à personne de choisir des exigences morales fortes et de les exprimer publiquement dans le cadre de l'État de droit. Depuis un demi-siècle, de nombreux débats éthiques ont surgi dans l'espace public : l'avortement, les manipulations génétiques, la fin de vie, et tant d'autres encore. Nous avons publiquement exposé nos positions et nos réflexions, en privilégiant un autre témoignage, une autre éthique que ce qui s'annonce. Nous restons fiers de soutenir des mouvements qui proposent une écoute attentionnée des femmes qui veulent garder l'enfant qu'elles portent, et aussi d'accompagner les mourants en les entourant de relations fraternelles et de chaleur humaine à la fin de leur vie. La valeur de chaque vie est inséparable de la dignité vécue dans les fragilités de l'âge et des maladies qui conduisent à la mort. Aux personnes qui pensent que nos propositions n'ont aucun impact, que nous menons à chaque controverse une guerre perdue d'avance, je le répète, nous disons que nous acceptons de ne pas être les maîtres de la loi, de sa fabrication à sa promulgation, mais nous faisons l'option de rendre un témoignage particulier dans la société civile en incarnant une éthique différente de celle dominant actuellement. Nous ne renonçons pas à être entendus, ni peut-être même écoutés.

Au mois de décembre 2022, avec les principaux responsables religieux en France, nous avons été auditionnés par la Convention citoyenne sur la fin de vie, à la demande expresse des participants. Nous avons été longuement interrogés sur les religions, sur le sens de la vie. À cette occasion nous avons pu redire que, pour nous, la vie est un don et non pas une acquisition dont nous serions maîtres ! Avons-nous été entendus ?

Il est vrai que l'évolution ultérieure de ce débat nous contraint à penser qu'une part importante de ceux qui se sont exprimés n'a pas été vraiment écoutée. Je ne parle pas de nous-mêmes, représentants des religions ; je parle de nombre de médecins, de soignants, d'aides-soignants qui disent : ce que l'on demandera de faire n'est en aucune façon un soin. Où est la continuité de notre service, de notre profession ? Il y a là une vraie rupture dans la chaîne des opérations qui sont de notre ressort : cette chaîne trouve sa cohérence dans l'aide à vivre, elle reconnaît la mort comme inéluctable à un moment, mais ne la place pas comme la suite voulue d'un geste de soin. On peut aussi penser que l'on n'a pas vraiment écouté ceux qui, à la veille de mourir, disent que si, à une étape de leur vie, ils avaient souhaité qu'on les aide à mourir, cette pensée les a quittés quand ils ont été accueillis en soins palliatifs, quand ils ont senti qu'ils comptaient pour ceux qui les accompagnaient, que la vie était encore la vie même aux dernières approches de la mort et que l'aide fraternelle à vivre n'était pas un vain mot. Pour nous, l'ouverture d'une brèche dans l'interdit de tuer comporte un risque énorme de voir se multiplier les cas d'exception qui auront été admis en très petit nombre dans le projet de loi initial. La référence légale ici instituée exonère la décision morale que cet interdit a pour vocation d'encadrer. Les changements sémantiques ne pourront jamais cacher que l'aide fraternelle à mourir est toujours la mort donnée par autrui, même si cet autrui est un collège professionnel.

Pourtant, je crois que, lors de cette convention citoyenne, nous n'avons pas été ignorés. Le fait d'avoir pu tenir ces échanges dans un climat d'écoute attentive et sérieuse n'a pas été vain. J'en ai eu un signe au sortir de ces conversations : des membres de la convention sont venus de leur plein gré nous remercier pour le point de vue que nous, religieux, avions défendu, même si leurs opinions divergeaient sur le fond de notre argumentation. J'ai la conviction que l'une des vocations des chrétiens dans notre société laïque est de devenir des « facilitateurs » de dialogues, de débats francs et approfondis, ne dissimulant pas les divergences, mais ayant en perspective ce que nous appelons, dans la doctrine sociale de l'Église, le bien commun.

La publication, en 2015, de l'encyclique du pape François sur la sauvegarde de la Maison commune, *Laudato Si'*, a suscité une multiplicité de contacts dans l'Église mais aussi hors de l'Église. Alors qu'on pensait que le pape, et à travers lui l'Église, n'avait rien à dire sur les enjeux de la crise climatique et de la transition écologique !

Je pense à un autre événement ecclésial antérieur, ayant connu un grand retentissement qui n'est pas retombé jusqu'à aujourd'hui : c'est la rencontre pour la paix de toutes les religions à Assise, inaugurée par Jean-Paul II en 1986. L'intérêt pour cette démarche de dialogue, de réconciliation et de recherche de la paix se poursuit et se raffermit grâce aux initiatives régulières prises par la communauté de Sant'Egidio. Le diocèse de Paris s'est associé à l'une d'elles en l'accueillant en septembre 2024. Les divers responsables religieux présents dans la capitale se connaissent bien : ensemble, nous avons à cœur de donner un témoignage capable de toucher les gens dans leur diversité, car les religions doivent contribuer à favoriser partout le dialogue. À mon arrivée à Paris, en mai 2022, j'ai dit dans mon homélie que nous ne revendiquions pas d'avoir réponse à tout ; mais j'ai bien précisé que si nous n'étions pas détenteurs d'un programme, nous étions responsables par notre attitude. Cette attitude a un nom : le dialogue. Les religions sont appelées à contribuer à établir des dialogues avec tous pour le bien de la société.

La radicalité

La radicalité chrétienne est beaucoup invoquée actuellement. Mais de quelle radicalité parle-t-on ? Je constate beaucoup de divergences sur le sens donné à ce mot, radicalité. Je crois pour ma part que j'appartiens à la même humanité que toutes les autres personnes. Je ne peux pas concevoir d'entrer en relation avec quelqu'un en commençant par lui adresser des mots blessants. Mon désir est d'être capable d'entendre chacune et chacun de mes interlocuteurs comme le suggère la proposition 22 des *Exercices spirituels* de saint Ignace de Loyola : « Il faut présupposer que tout homme vraiment chrétien doit être plus disposé à sauver une proposition obscure du prochain qu'à la condamner. »

La radicalité chrétienne consiste d'abord à donner un témoignage cohérent de sa foi sans provoquer de blessure à autrui. Certes, cette pratique d'un christianisme humble et fidèle peut susciter des réactions violentes, comme celle dont fut victime le père Jacques Hamel, le 26 juillet 2016 à Saint-Étienne-du-Rouvray dans le diocèse de Rouen. Juste avant de mourir, au moment de livrer sa vie, réalisant sans doute ce qui était en cause, il s'était écrié : « Arrière, Satan ! » Il luttait contre le mal, mais il ne condamnait pas son agresseur ; il ne rendait pas le mal pour le mal. Sa réaction a eu un effet bouleversant dans toute la société française. La sœur du père Hamel, Roseline, a déclaré au cours du procès des agresseurs : « Qui peut être plus malheureux que moi sinon celle qui est la mère de l'assassin ? Je vais aller voir cette plus malheureuse que moi. » Au fond, par de telles réactions admirables, nous reconnaissons et nous valorisons le rôle chrétien de l'accompagnement humain et spirituel de toute personne. Je pense à ce propos au travail mené par ces innombrables chrétiens – ils sont environ huit mille en France – qui sont à la tâche dans les aumôneries d'hôpitaux et les établissements de soins palliatifs. Ces chrétiens-là peuvent témoigner que lorsqu'on tend la main à des êtres humains laminés par la souffrance, au point de demander parfois qu'on anticipe leur mort, si l'on prend le temps d'écouter et de comprendre mieux leurs angoisses, on les aide à rester vivants et à témoigner de leur dignité jusqu'au bout.

Cette radicalité pose une question : comment se comporter avec les autorités civiles et les élus politiques de notre nation quand on est catholique, quand on est évêque ? Les relations que j'ai habituellement avec les responsables publics sont dans l'ensemble cordiales, courtoises, respectueuses et intéressantes. Beaucoup de mes interlocuteurs, quelles que soient leurs opinions, qu'ils soient croyants ou non, s'intéressent à la place des religions dans la société, et à celle du catholicisme en particulier. Ils n'y sont pas indifférents en tout cas. Le président Emmanuel Macron avait pris soin dès le début de son premier mandat d'aller rendre visite aux principales institutions représentant les diverses religions présentes dans notre pays. Il s'adressait ainsi aux catholiques :

> M'aveugler volontairement sur la dimension spirituelle que les catholiques investissent dans leur vie morale, intellectuelle, familiale, professionnelle et sociale, ce serait me condamner à n'avoir de la France

qu'une vue partielle ; ce serait méconnaître le pays, son histoire, ses citoyens ; et affectant l'indifférence, je dérogerais à ma mission. Et cette même indifférence, je ne l'ai pas davantage à l'égard de toutes les confessions qui aujourd'hui habitent notre pays[1].

Le président de la République demandait ensuite aux catholiques de faire trois dons au pays, correspondant à leur manière d'être : le don de leur sagesse, celui de leur engagement politique dans la cité, le pays et l'Europe, et enfin le don de leur liberté spirituelle, parfois même intempestive.

Parmi ces engagements, celui de l'éducation reste fondamental. Pour les catholiques, c'est un lieu où justement peuvent se former et se développer la sagesse chrétienne, le goût de l'engagement dans la cité et la liberté spirituelle. Les mouvements de jeunesse, le scoutisme particulièrement, s'illustrent ici à côté de l'enseignement catholique. Celui-ci est actuellement régi par des lois qui garantissent la liberté et le choix des familles de faire donner à leurs enfants l'éducation qu'ils souhaitent, dans le cadre républicain. Il est régulièrement contesté dans son statut, dans ses établissements, dans ses méthodes et doit répondre sans arrêt à la critique sur son recrutement dans les classes privilégiées de la société. Mais il peine à s'implanter dans de nouveaux quartiers,

1. Emmanuel MACRON, Discours à la Conférence des évêques de France, Collège des Bernardins, 9 avril 2018.

en raison d'obstacles souvent administratifs, et il ne peut pas pratiquer des prix bas, là où les participations publiques au financement, conformes à la loi, tardent à être versées, voire sont refusées ! Et ce sont toujours quelques grands établissements des métropoles, sur un millier de lycées, qui sont la cible des critiques, tandis que six mille écoles et collèges sur tout le territoire français dispensent un enseignement de qualité, auprès de jeunes beaucoup moins triés qu'on ne le dit, et proposent des éléments éducatifs de valeur. Serait-il normal d'empêcher, dans une république qui orne sa devise de la liberté, autant que de l'égalité et de la fraternité, un tel choix d'être fait ? Plus de deux millions d'élèves, et près de 140 000 enseignants représentent une réalité qu'on ne saurait éliminer ou négliger sans carence grave de la responsabilité publique.

Parmi les éléments éducatifs de qualité, figure la référence évangélique qui ne représente pas une obligation de l'adopter pour tous les élèves, mais une proposition permanente. Dans cette société sécularisée, la proposition de l'Enseignement catholique peut apporter de belles pratiques. Nous revendiquons cet apprentissage d'une vraie liberté de penser et d'agir dans le monde, de s'initier à des pratiques de réelles solidarités. Nous croyons aussi qu'il est nécessaire d'ouvrir à la dimension religieuse tellement ignorée et stigmatisée, de former à la connaissance et surtout à la rencontre des autres religions alors que domine la peur de l'autre. Nous avons le goût et le désir de favoriser une culture d'espérance en l'avenir qui ne se résume pas au développement économique et à ce que l'on n'ose plus appeler le progrès technologique. Les grandes initiatives de pédagogie par l'apprentissage, par la mise en action et au contact du réel – je parle des grands exemples des établissements jésuites, salésiens, lassaliens – n'ont pas fini de produire de bons et beaux fruits et ils inspirent des pratiques en dehors même de leurs cercles propres. L'idée de communauté éducative qui associe tous les partenaires qui se rencontrent dans un établissement – les enseignants, les autres éducateurs, les familles, les services et les gestionnaires, et les jeunes eux-mêmes – cette idée est née chez nous et est bien porteuse d'avenir : « Il faut tout un village pour éduquer un enfant ! »

Et je crois à cela ! Je pense que c'est bon pour notre société. Loin de moi de mépriser l'enseignement public où se trouvent aussi de magnifiques engagements, de solides projets, de grandes générosités. Mais plus que de batailles entre deux écoles, nous avons besoin de complémentarité et d'émulation au service de l'éducation. Quant à nous, nous voulons et nous pouvons contribuer, par l'enseignement catholique, à former la foi chrétienne de ceux qui croient, une foi qui sache vivre dans l'espérance et la fraternité, celles-là mêmes qui conduisent à respecter d'autres formes de croyance, à reconnaître l'athéisme des uns ou l'agnosticisme des autres, dans une société respectueuse de tous.

La mission du Peuple de Dieu

La France et en particulier l'Île-de-France ont accueilli les Jeux olympiques et paralympiques durant l'été 2024. Et nombre de nos paroisses à Paris dans les diocèses limitrophes de la capitale ont participé à l'accueil des sportifs et de leurs supporters venus du monde entier pour honorer les valeurs humanistes de l'olympisme. Mais sait-on assez que Pierre de Coubertin et le dominicain Henri Didon qui furent à l'origine des Jeux olympiques de l'époque moderne ont pris cette initiative comme une réponse à un appel du Seigneur à évangéliser l'activité sportive qui prenait à cette époque un essor extraordinaire ? Les Jeux olympiques ont une dimension spirituelle passée trop inaperçue. Il me revient le témoignage d'un prêtre du diocèse de Chambéry, ancien vice-champion de course à pied. Ses livres[1] ont permis à beaucoup de jeunes de s'engager dans le sport et de ne pas craindre d'y témoigner de leur foi.

1. René PICHON, *Le sport et la foi ou la pastorale des champions*, René Pichon, 1981 ; *La course de ma vie*, Paris, Cerf, 1992 ; *L'âme du sport et le sport de l'âme*, Paris, La Bruyère, 2015.

Cet exemple me donne l'occasion d'insister sur la notion de Peuple de Dieu. De souligner la richesse et la variété de cette définition donnée à l'Église par le concile Vatican II. De nos jours, on évoque cette expression en la cristallisant sur l'implication des laïcs dans la vie ecclésiale. Peut-être faut-il prendre davantage la précaution de souligner que cette notion ne doit pas distinguer les laïcs des ministres ordonnés et des religieux. Le Peuple de Dieu rassemble et désigne les prêtres, les religieux, les laïcs, les personnes consacrées, et non pas simplement le troupeau des laïcs ! N'est-il pas beau que le Peuple de Dieu intègre ainsi les sportifs ?

Cette notion de Peuple de Dieu n'est pas simpliste. Les trois expressions que le concile utilise : Peuple de Dieu, Corps du Christ et Temple de l'Esprit sont une façon de signifier que l'Église tient son unité de la Trinité. Son unité, sa mission, son âme, s'ancrent dans le mystère de Dieu, Père, Fils et Esprit Saint. C'est une invitation à proposer une certaine pensée face au monde dans lequel nous vivons. Lorsqu'on cite le Peuple de Dieu, on parle évidemment d'une réalité extrêmement large et complexe. Dieu revendique un peuple nombreux. À Corinthe déjà, l'apôtre Paul soulignait cette dimension hors norme. Mais il ne s'agit pas d'un peuple enclos dans des limites géographiques, dans des frontières, dans une réalité essentiellement visible. Le Peuple de Dieu, c'est celui qu'il a créé, le peuple qu'il aime.

Pendant un temps, l'expression « Peuple de Dieu » désignait le peuple juif et se référait à l'exode des Hébreux dans le désert. Après s'être libérés de l'esclavage en Égypte, ils ont marché pendant quarante ans à la suite de leur conducteur Moïse, pour rejoindre la Terre promise que Dieu leur avait indiquée. Cette longue marche de libération est un grand moment de la Bible où la liberté de Dieu guide le Peuple de Dieu. Celui-ci s'égare parfois, fait fausse route, rechute dans des dévotions idolâtres. Mais jamais Dieu, pourtant bafoué et trahi, n'abandonne son peuple ! Dans l'Alliance nouvelle, la notion de « Peuple de Dieu » s'élargit universellement, au monde tout entier. Saint Augustin et d'autres auteurs chrétiens ont utilisé cette image de l'Église visible et de l'Église invisible. Bien sûr, le Peuple de Dieu, c'est l'Église, mais c'est un choix de Dieu que l'Église ne maîtrise pas, qui la dépasse dans le temps et l'espace. Quand on invoque le Corps du Christ, évidemment on désigne davantage l'Église comme le mystère qui fait entendre la voix du Seigneur, comme le mystère qui rend visible sa volonté. Avec la notion de « Temple de l'Esprit », il est clair qu'on accède à une ouverture tout à fait autre, notamment celle qui implique l'idée que le monde est habité par l'Esprit de Dieu, qu'on le laisse parler ou pas ! C'est ce qu'on appelle la dimension prophétique de l'Église.

Mais aujourd'hui, dans une société sécularisée, nous sommes appelés à vivre une évangélisation surtout contagieuse et souverainement humaine qui est au fond son caractère propre. Comme avant lui Benoît XVI, le pape François rappelle régulièrement ce fondement de l'évangélisation : « L'Église ne fait pas de prosélytisme. Elle se développe plutôt par attraction[1]. » L'essentiel, c'est alors qu'elle soit en capacité de faire percevoir l'appel lancé à chacune et à chacun à devenir soi-même ; et aussi, qu'elle soit capable de comprendre bien humblement qu'au milieu du bruit du monde, Dieu s'exprime. Il se fait entendre sans jamais se lasser ni s'arrêter devant les diverses expressions de la culture. Sa voix si singulière continue de se manifester dans le monde. C'est l'expression de Pascal dans les *Pensées* : « Si Dieu nous donnait des maîtres de Sa main, ô qu'il leur faudrait obéir de bon cœur. La nécessité et les événements en sont infailliblement[2]. » Lorsque saint Paul dit : *Quand nous avons voulu aller en Asie, Dieu nous a barré la route, nous obligeant à aller en Europe*[3], que s'est-il passé exactement ? Des obstacles imprévisibles ont surgi sans doute, des limites ont fait que ce n'était pas possible d'aller là où l'Apôtre avait le désir d'aller à partir de sa seule ambition. Il avait à

1. Par exemple lors de l'audience générale du 11 janvier 2023, à lire sur le site du Vatican.
2. Blaise Pascal, *Pensées*, éd. Lafuma, n° 919.
3. Actes des Apôtres 16, 6-10.

cœur de suivre sa route à lui, mais Dieu lui en a indiqué une autre : il a compris que des obstacles, insurmontables apparemment, on ne sait pas lesquels précisément, lui intimaient l'ordre de changer de route et d'obéir à la vision du Macédonien. Mais la vision vient après : il y a eu des choses qui nous ont empêchés d'aller là où nous voulions ; nous avions élaboré un plan pastoral devant nous conduire là, et la nécessité nous a poussés à aller ailleurs.

N'est-il pas intéressant de présenter ainsi la liberté spirituelle à l'homme contemporain qui vit sous l'emprise d'une société de consommation où il ne lui apparaît plus possible de ne pas obtenir ce qu'il veut ? Où il lui est aussi insupportable de voir ses choix, ses désirs contrariés dans une société qui lui procure l'embarras du choix pour satisfaire ses besoins et ses envies ? Jésus prévient ses douze disciples les plus proches qu'il envoie en mission : *Quand on vous persécutera dans une ville, fuyez dans une autre. Amen, je vous le dis : vous n'aurez pas fini de passer dans toutes les villes d'Israël quand le Fils de l'homme viendra*[1]. Le message est clair : les bons combats à mener ne sont pas forcément là où on les localise. La situation actuelle de l'annonce de l'Évangile ne saurait nous rendre sourds à cette sage recommandation de Jésus. À ce sujet, les saints nous fournissent le mode d'emploi à suivre pour être, à

1. Matthieu 10, 23.

notre tour, des disciples missionnaires de l'Évangile dans le monde actuel.

Les saints sont des témoins de la liberté de Dieu

La sainteté est une manière de se convertir, d'ouvrir des champs nouveaux, elle est bien une science de l'action ! À Paris, je cite souvent l'exemple de tous les saints que l'Église honore, et la liste est longue, depuis saint Denys jusqu'aux derniers martyrs béatifiés en avril 2023[1]. Je veux ainsi mettre en valeur tout un paysage de sainteté.

L'Église vient de béatifier plusieurs martyrs à Paris, au XIXe siècle. Ces cinq religieux ont été victimes d'une violence inouïe et pourtant ils assumèrent leur ministère avec dévouement et humilité. Quatre d'entre eux n'étaient dans la ville que depuis peu de temps, et s'étaient mis au service de l'éducation. Et le cinquième, le père Planchat, avait été mis au service des pauvres des quartiers de Grenelle puis de Ménilmontant pendant trente ans de ministère, dans deux paroisses différentes, au milieu de gens de modeste condition, voire miséreux.

1. Les bienheureux Henri Planchat, religieux de saint Vincent de Paul, et ses quatre compagnons de la congrégation des Sacrés-Cœurs de Jésus et de Marie (Picpuciens), assassinés le 26 mai 1871 rue Haxo à Paris (20e).

J'ai déjà cité le cas de Mgr Vladimir Ghika (1873-1954), ce prince roumain qui s'est laissé transformer jusqu'à abandonner toutes les prérogatives que lui apportait son appartenance à l'aristocratie et à la diplomatie, pour se consacrer totalement aux pauvres de Paris puis, en Roumanie, aux victimes de la Seconde Guerre mondiale et de la dictature communiste. Il a été béatifié en 2013.

Je pense également à Paulin Enfert (1853-1922), dont l'engagement paroissial, dans le 13e arrondissement où il a créé des associations qui existent encore, dont la Mie de pain, est un prélude à bien d'autres actions de solidarité qui se sont développées depuis.

Je prends encore deux exemples parisiens : la bienheureuse Rosalie Rendu, dont une avenue près de la place d'Italie honore la mémoire. Pendant cinquante-quatre ans, elle s'est discrètement occupée des pauvres de son quartier. Comment ne pas citer aussi sainte Catherine Labouré ? Cette religieuse eut des visions du Seigneur alors que personne ne l'a jamais su de son vivant, sauf son confesseur. Catherine a passé toute sa vie comme une humble sœur de la communauté des Filles de la Charité. Personne ne savait qu'elle était à l'origine de la dévotion à la Médaille miraculeuse. Quand on l'apprit, ce fut une étonnante découverte pour tout le monde.

À Chambéry, j'ai été marqué par la figure de Camille Costa de Beauregard (1841-1910), un éducateur à la façon salésienne. Il a recueilli des enfants et des jeunes devenus orphelins à la suite d'une épidémie de choléra en 1867-1868. Il a fondé à leur intention une œuvre qui s'appelle le Bocage. Elle abrite aujourd'hui un lycée professionnel horticole placé sous la responsabilité des Salésiens par la volonté de son successeur et neveu, qui était aussi un prêtre de Chambéry. Quand j'étais archevêque de ce diocèse, j'avais demandé qu'on entame la procédure de la béatification de Camille. Sa cause progresse et je me réjouis de sa béatification, célébrée en Savoie au printemps 2025. C'était un prêtre diocésain et un éducateur de belle facture : nous avons besoin des deux !

Voilà des personnalités chrétiennes qui ont vécu leurs missions dans la liberté en effectuant des tâches pouvant être considérées comme minimes mais que l'Église honore avec un grand amour.

Je citerai encore les Lillois Philibert Vrau et Camille Féron, deux grandes figures du catholicisme social dans le Nord. Ces deux beaux-frères ont soutenu de magnifiques œuvres dont la création de l'Institut catholique et la fondation de la future cathédrale, tout en étant profondément attentifs aux pauvres. Sur le plan économique, ils ont aussi procuré du travail à beaucoup de monde. Philibert était un patron d'entreprise et Camille, après avoir été médecin, le rejoignit pour diriger le personnel ouvrier qui fabriquait le fameux « Fil au Chinois ». Tous les deux ont aussi été proposés à la béatification. Ce sont des humbles, en dépit de leur situation patronale. À la tête d'importantes entreprises, ils n'en restaient pas moins des hommes vivant modestement et se dépensant sans compter pour soutenir des groupes de prière et faire de l'évangélisation populaire en parcourant la France.

Je conclurai cette évocation de figures de sainteté qui me sont chères personnellement en citant l'exemple de l'abbé Jacques Hamel. Pas simplement parce qu'il est mort en martyr du terrorisme, mais parce qu'il a été prêtre jusqu'au bout de ses forces, y compris après sa « retraite » en poursuivant l'idée de continuer à servir. De 75 à 86 ans, il a continué à rendre service à ses paroissiens, alors qu'il n'était plus leur curé ! Il y a de la graine de sainteté dans cette façon de rendre service même après que l'heure de la retraite a sonné. Beaucoup de prêtres et d'évêques, et aussi beaucoup de fidèles chrétiens, se mettent ainsi au service de la charité du Christ jusqu'au bout de leurs forces ! Cette sainteté-là elle est accessible à tous et à chacun. C'est une question de volonté. Et un grand signe de liberté spirituelle !

Ce sont eux que l'Église honore, même si leur action s'est souvent limitée à une petite superficie ; ils n'ont pas rêvé de changer le monde par de grandes institutions ou en devenant des chefs de haute renommée. Ils se sont occupés des gens de leur quartier, par de menues actions. Ils ont tout simplement aidé des gens à vivre. Ils les ont aimés.

Ce que les catholiques peuvent apporter

On peut répandre, je l'ai évoqué plus haut, l'impression que face aux grandes controverses morales et sociales, l'apport de l'Église catholique n'a aucun impact sur les décideurs et sur les mentalités. Mais au fond la vraie question importante n'est-elle pas : qu'est-ce que les catholiques ont à apporter à la société, au monde ? La réponse dépend du regard que l'on porte sur le monde et sur soi-même. Ce regard se traduit par deux mots essentiels pour les catholiques : l'espérance et la liberté. Tous les catholiques ne voient pas forcément les choses de ce point de vue, mais il importe à l'Église de les y sensibiliser et former.

Pour les chrétiens, l'espérance vient de Dieu lui-même. Ils puisent au cœur de la foi une force qui les aide à tenir bon dans les épreuves et à ne pas se laisser dominer par elles. Les épreuves existent depuis le commencement de l'histoire humaine, nul ne peut les nier : les accidents de la nature, les cataclysmes, les épidémies, la famine, la misère, la maladie, les guerres ou les conflits non-résolus, jamais éteints.

Pour combattre ces réalités, les catholiques prennent appui sur l'espérance : elle habite en eux et marche avec eux comme l'a décrit Péguy, mais elle les dépasse parce qu'elle ne vient pas seulement d'eux-mêmes. Il y a là pour eux un signe à percevoir de l'indicible. Il ne s'agit pas d'être naïfs : au milieu des vicissitudes et des drames successifs qui frappent le monde depuis vingt siècles, les chrétiens s'opposent à ces réalités qui accablent le monde d'un sentiment d'abandon, de fatalisme et de scepticisme, voire de désespoir. Ils cherchent dans le souffle de l'Esprit une capacité de liberté de jugement, de discernement. C'est une expérience positive qui est à même de les encourager à combattre toutes les faiblesses humaines.

Il y a heureusement, dans le monde d'aujourd'hui, beaucoup de gens qui souhaitent la paix intérieure, le silence, l'émerveillement devant la nature, devant l'amitié, devant toutes ces réalités qui constituent une vie belle et heureuse. Beaucoup de chrétiens se sentent concernés par les enjeux écologiques. Certains revendiquent même leur appartenance à la « génération *Laudato Si'* », en référence au titre de l'encyclique du pape François sur les questions environnementales et sociales, à l'écologie intégrale, et de façon générale à la sauvegarde de la Création. Les combats d'opinion souvent assez violents d'une écologie politique compétitive suffiront-ils à faire avancer cette problématique ? Il y faut aussi la recherche d'une authentique sobriété heureuse, soutenue par un véritable amour de cette nature, attentive aux situations économiques. Au plus profond de nous-mêmes, il est possible de se laisser transformer par Dieu, d'agir pour lui et de ne pas être distrait de lui. Il s'agit d'admettre un mode de vie nouveau où l'on ne soit pas en permanence stressé, poussé par l'angoisse de la consommation. Et donc notre écologie à nous, chrétiens, est celle d'un amour de cette terre parce qu'elle est don de Dieu. Même si nous devons aujourd'hui prendre des décisions dont nous ne verrons les effets que partiellement. Recevoir la terre sur laquelle nous habitons et l'emprunter pendant le temps de notre vie sans l'abîmer au détriment de nos successeurs, c'est manifester un véritable amour capable de respect ; c'est une voie difficile, mais on peut être à la fois dans la société, dans le mouvement de la société, et ne pas perdre de vue Celui qui est à l'origine de ce mouvement.

Être et devenir disciple du Christ

J'aborde maintenant une autre question sous-jacente au propos que je viens de tenir : comment définir la mission des catholiques ? Chacun, en effet, voit la mission à son heure. Alors, qu'est-ce que la mission ? Comment parler de la foi chrétienne, de manière simple et enthousiasmante ? Comment répondre à des personnes qui nous demanderaient : « Si je me fais baptiser, si j'adhère à l'Église, qu'est ce qui m'attend finalement ? Qu'est-ce qu'on attend de moi dans l'Église ? En quoi puis-je être utile ? »

J'ai valorisé deux mots précédemment : espérance et liberté. Quelle liberté ? C'est la liberté chrétienne dont le frère dominicain Adrien Candiard parle si bien dans son petit commentaire de la lettre à Philémon[1]. Apprendre la liberté chrétienne, cela occupe, je crois, une vie entière. Apprendre à discerner ce qui fera la matière d'une vie à la suite du Christ est une œuvre de longue haleine. Mais, pour autant, personne n'est contraint de devenir un docteur en philosophie chrétienne pour agir ! Agir librement, comme un disciple du Christ, qui sait qu'il n'a pas à craindre de Dieu s'il se laisse porter par lui face aux moments de son existence. J'aime cette trilogie : dans la vie comme dans la foi, nous nous heurtons à des obstacles, à des contrariétés et à des contradictions. Autrement dit, nous devons faire face à des épreuves, à des incompréhensions ou à des refus et, parfois même, à nos propres façons d'agir qui ne correspondent pas à nos façons de penser et de parler ! La liberté chrétienne s'acquiert au prix d'un long combat. Une lutte qui dure toute la vie. Être chrétien, c'est accepter ce combat à la fois personnel

1. Adrien Candiard, *À Philémon : réflexions sur la liberté chrétienne*, Paris, Cerf, 2019.

et collectif. Être chrétien, c'est consentir à résister à ce qui en apparence contredit le message de la Résurrection, le don de la Création. C'est entrer en dialectique permanente avec soi-même et le monde.

Cette liberté chrétienne est une option, un choix qui a de profondes racines et illustrations bibliques. Je pense, par exemple, à l'épisode fameux du sacrifice d'Isaac que j'ai déjà évoqué précédemment. On voit Dieu arrêter le bras d'Abraham pour qu'il ne lui fasse pas l'offrande de son fils alors qu'il le lui avait expressément demandé. Dieu prend cette liberté parce qu'il a vu la foi d'Abraham. Le sacrifice qui plaît à Dieu, c'est de l'aimer et de le suivre. C'est aussi la liberté de Dieu qui donne la force à Moïse et à son peuple de sortir de l'esclavage. C'est encore la liberté de Dieu qui renouvelle son alliance, tout au long du récit biblique, avec des hommes qui lui sont souvent rétifs et contredisent sa parole. C'est enfin la liberté de Dieu qui envoie son propre Fils vivre avec nous la liberté humaine de faire confiance à Dieu, malgré la souffrance et la mort.

J'ai la conviction que si on fait de la liberté de Dieu un fondement de sa vie, on voit alors l'histoire de l'humanité autrement. Dieu n'intervient pas dans l'histoire pour nous signaler nos erreurs ou dresser devant nous des passages interdits. Dieu intervient plutôt comme une musique capable de faire résonner un air de liberté dans le cœur de tout homme. La mission du chrétien comporte le souvenir permanent de cette liberté de Dieu. Et invite à en faire personnellement l'expérience, dans sa vie propre et ses lieux de vie.

Je valorise ici, j'en conviens, une définition théologale de la mission. De même, je ne présente pas une technique d'évangélisation. Or, très souvent quand on parle de mission, on parle de technique. On assimile malheureusement l'évangélisation à une stratégie productive. L'enseignement de l'Église a pourtant toujours été clair à ce sujet : les plans pastoraux ne suffisent pas pour devenir des disciples missionnaires de l'Évangile. On le devient – il faut le rappeler – par le baptême qui répand ensuite ses effets mystérieux et efficients en chacune et chacun des baptisés. Pour redynamiser l'élan missionnaire de l'Église, celle-ci doit pouvoir compter sur des baptisés capables de témoigner en paroles et en actes de la force de Dieu qui les rend libres et joyeux. La mission évangélisatrice de l'Église a besoin d'authentiques témoins de la liberté de Dieu agissante dans leur propre vie. Pour atteindre la conversion des cœurs dans les conditions historiques qui sont les nôtres, c'est ce témoignage-là, celui de la force libératrice de Dieu, qu'il faut pouvoir apporter avec un enthousiasme contagieux à nos contemporains.

Le pape François se réfère beaucoup à l'encyclique de Paul VI *Evangelii Nuntiandi* qu'il considère comme une sorte de *Magna Carta*, de grande charte de l'évangélisation du monde moderne. Il compare d'ailleurs sa propre exhortation apostolique, la première qui donne le programme de son pontificat, *Evangelii Gaudium*, à « l'autre face de la médaille » qu'est pour lui *Evangelii Nuntiandi*. Ce texte publié en 1975 n'a pas vieilli. On y lit cette citation décisive : « Évangéliser est la grâce et la vocation propre de l'Église, son identité la plus profonde. Elle existe pour évangéliser[1]. » Il rappelle avec force et profondeur que l'action d'évangéliser se renouvelle de génération en génération, qu'elle n'est jamais acquise une fois pour toutes. L'évangélisation ne se conçoit pas non plus comme une méthode, mais comme une prise en considération du monde dans lequel nous sommes, tel qu'il est en réalité. Un monde qui n'est pas uniquement indifférent ou contraire à nos vies, mais qui a aussi besoin d'être écouté, d'être étudié et d'être aimé… c'est le monde que Dieu fait. Le pape François aime à dire que Dieu est notre protagoniste, le premier acteur de l'évangélisation. C'est Dieu lui-même qui engage l'évangélisation. La vision que l'on se fait de l'évangélisation dépend du regard que l'on pose sur le monde et sur soi-même ! Saint Jean, dans le prologue de son évangile, dit que Jésus est l'exégète du Père. Il est du Père l'interprète, l'exégète, l'explicateur, le développeur. *Dieu, personne ne*

1. Paul VI, *Evangelii Nuntiandi*, N° 14.

l'a jamais vu ; le Fils unique, lui qui est Dieu, lui qui est dans le sein du Père, c'est lui qui l'a fait connaître[1]. Jésus est « celui qui "raconte" le Père ». Et le chrétien s'inscrit librement bien sûr à l'école de cet exégète par excellence qu'est le Christ Jésus ! Il cherche ainsi à prendre conscience du regard du Père posé sur lui et sur le monde. Il peut alors se demander : « Est-ce là que le Seigneur m'attend ? » Voilà l'appel de la mission. Et tout baptisé est appelé, engagé, sans distinction ni préférence.

Que m'a appris l'Église ?
Les conversions de Vatican II

Pour souligner l'essentiel, qui est la manifestation en moi de la liberté de Dieu, qu'ai-je retenu de l'Église ? De moi-même, le désir d'adaptation à des contextes divers et celui d'apprendre des autres. Au fond, ce qui me touche, c'est de m'adapter à ce que le Seigneur m'a donné de connaître de lui. Pour reprendre une image traditionnelle qui peut s'appliquer pour moi comme ministre, mais qui peut s'appliquer à toute l'Église, accepter – une formule qui se trouve dans les écrits de saint Bernard de Clairvaux –, c'est accepter d'être un canal de la grâce de Dieu. Saint Bernard le dit de la Vierge Marie comme

1. Jean 1, 18.

il peut le dire de l'Église, et je le pense comme on peut le dire de chaque ministre, de chaque témoin, de chaque baptisé. Le clergé parisien a découvert que je ne suis pas l'homme des « pensées toutes faites », des interpellations, des diatribes sonnantes, souvent exprimées pour pallier nos déceptions. Je préfère le discernement patient où le Seigneur se révèle à l'écart des orages. Et je pense que ce que cherche profondément l'Église que j'ai servie jusqu'à présent, c'est d'être, en assumant désormais ses fragilités au grand jour, un canal de la grâce de Dieu, un signe profond de sa présence. Nous sommes tous marqués, façonnés, par des événements de notre histoire, certains nous bouleversent pour la vie.

Dans une lettre à l'abbé Laberthonnière, Blondel disait : « Avant de convertir les mécréants, il faut convertir les convertisseurs[1]. » Je pense aux exhortations du pape François à se convertir soi-même. Il nous y invite depuis plus de dix ans ! Le moment est venu de repérer les grandes conversions ecclésiales depuis Vatican II.

La première conversion, à la suite de Vatican II, c'est la remise à la première place de la Parole de Dieu, *Dei Verbum.* Ceux qui veulent entrer dans l'expérience chrétienne sont invités non pas simplement à continuer des gestes de piété, mais à les inscrire dans

1. Maurice BLONDEL et Lucien LABERTHONNIÈRE, *Correspondance philosophique*, Paris, Seuil, 1961, p. 262.

la réponse à une Parole de Dieu qui, chaque jour, peut les convertir, les transformer. Que l'Église remette la Parole de Dieu au centre de sa préoccupation est une excellente nouvelle : ainsi se transforment l'humanité et la vie de l'Église. Parce que c'est la Parole de Dieu qui nous convertit, c'est la première chose, c'est d'une certaine façon le premier sacrement.

Une deuxième conversion eut lieu, pour moi, grâce à la parole de saint François de Sales : « Rien par force, tout par amour. » Elle renouvelle bien des richesses du projet actuel de l'Église, qui est de faire entendre et de faire retentir l'unique Parole de Dieu auprès du cœur des hommes, pour la laisser agir d'elle-même. Rien par force, tout par amour. L'humilité, l'Église d'aujourd'hui y est opportunément convoquée en ce temps. La parole est fragile, la Parole de Dieu est toujours une petite voix au cœur de l'humanité : il nous faut la faire entendre de toutes les façons possibles.

Suivons l'expérience même des prophètes, l'histoire d'Élie… Dieu n'était pas dans l'orage, Dieu était dans la brise légère du soir. Comme dans le livre de la Genèse, dans le récit de la faute, Dieu se promenait dans le jardin à la brise du soir. Et il vient parler avec Adam en disant : « Qu'as-tu fait ? »

3

Que ferons-nous de cette liberté ?

Un regard chrétien sur les Jeux olympiques et paralympiques

J'ai déjà évoqué les Jeux que la France, Paris et sa région ont accueillis cet été 2024. J'y reviens car je vois aussi dans cet événement planétaire une manifestation de la recherche humaine d'un dépassement et d'une transcendance.

Le sport représente un grand défi ; sa pratique suscite un immense engouement ; et le spectacle sportif permet à l'humanité de vivre des temps de communion très forts, davantage encore grâce à la mondialisation de l'information. On dit que quatre milliards de personnes ont pu regarder ces Jeux olympiques et paralympiques à la télévision. Les valeurs humanistes du sport se rapprochent des vertus évangéliques, même si elles sont fortement battues en brèche par le consumérisme et l'argent. Parmi les sportifs, certains sont chrétiens et le disent. Combien d'athlètes manifestent une appartenance religieuse avouée ou plus intime ? Difficile de les compter ! L'Église doit encourager la mobilisation du public qui soutient une pratique honnête du sport et une attention bienveillante au corps humain. Cela faisait partie, on l'a déjà dit, des intentions de Pierre de Coubertin et du père Henri Didon : esprit de compétition certes, mais dans le respect de l'honnêteté et avec franchise. C'est pourquoi, nous avons voulu être attentifs aux personnes qui n'auraient pas eu les moyens de participer au spectacle, soit parce que c'était trop cher, soit parce que c'était trop loin. Des personnes en situation de handicap ont pu être pénalisées, nous avons souhaité les valoriser. Les Jeux paralympiques pour lesquels aussi nous militons manifestent cette même idée du respect de tous présente dans l'Évangile, c'est en cela que les valeurs du sport et les vertus évangéliques peuvent se faire écho.

Cette visée de fraternité universelle encouragée par le sport renvoie à une autre formidable aventure : celle de l'Union européenne. Il y a dans cette ambition un bel élan de recherche d'unité et d'égalité. À partir d'une Europe de l'économie, la CECA (Communauté économique du charbon et de l'acier), on a cherché à unir et à pacifier des pays souvent en conflit les uns avec les autres pendant longtemps, en resserrant de plus en plus les liens de coopération entre eux. On doit reconnaître que cette Europe centrée sur l'économie s'est aussi laissé séduire par les mirages de la richesse. Mais on a également développé l'idée d'une Europe de la culture en décernant des labels de « capitale européenne », en créant des jumelages, en multipliant les échanges linguistiques, en favorisant les voyages d'études grâce au programme Erasmus… toutes ces initiatives ont développé un réel sentiment d'appartenance à l'Europe. En vue de faciliter cette évolution, la monnaie unique a été mise en place. Parallèlement s'est développée une Europe du dialogue interreligieux et du dialogue œcuménique qui ont été institutionnalisés par les Églises : la COMECE pour les évêques catholiques de l'Union européenne, et la CEC pour les Églises réparties sur tout le continent européen. Et puis il y a, dans la Constitution européenne, l'article 51 qui oblige les institutions communautaires à établir le dialogue avec les religions : l'archevêque de Dijon, Antoine Hérouard, est fortement investi au nom de l'Église de France dans ce dialogue institutionnel. Il y a cependant des aspects de la politique européenne qui conviennent moins bien à l'Église catholique : c'est le sort indigne réservé aux migrants qui transitent chez nous et ce sont les réformes sociétales qui contredisent une conception de l'homme et de la vie façonnée pourtant par des siècles d'humanisme européen pétri d'inspiration chrétienne !

Un malheur d'une autre nature frappe aussi le sol européen : la guerre en Ukraine provoquée par l'invasion de ce pays par la Russie en février 2022. Cette guerre s'enlisant dans l'espace et le temps, l'Union européenne ressent avec un sentiment d'urgence la nécessité d'assurer sa propre défense. Sur ce point il est important de rappeler que nos traités européens, depuis les années 1950, n'ont pas été signés en vue d'enregistrer des succès ou des défaites militaires, mais pour faire progresser l'entente et la paix entre des peuples naguère ennemis.

Les fondateurs de l'Europe communautaire, pour l'essentiel des chrétiens, ont eu à cœur de placer la paix au sommet de leur idéal. Aujourd'hui, le paysage religieux européen s'est diversifié : différentes traditions religieuses y cohabitent désormais. Ce pluralisme cultuel invite à œuvrer en faveur d'un modèle de coexistence et de dialogue interreligieux au service du bien commun dans l'Union européenne.

L'ardente nécessité de dialoguer

Approfondissons la nécessité pour les chrétiens de bénéficier d'une sorte de formation permanente pour être mieux à l'écoute et au service de leurs contemporains ; pour développer aussi un nouvel esprit critique.

Je crois que la pensée chrétienne, depuis vingt siècles, s'est toujours nourrie du dialogue avec les cultures ambiantes, les philosophies y compris non-chrétiennes. Aux détours du IVe et du Ve siècle, la proposition du christianisme s'est construite avec la société de son temps. Vers la fin de l'époque des persécutions, le christianisme s'est trouvé au contact direct de la pensée hellénique, d'une culture qui n'envisageait pas la Création. Elle ne pouvait pas non plus envisager un salut et une rédemption, et encore moins la Résurrection, comme on le voit dans les Actes des Apôtres, avec le discours de saint Paul à Athènes. C'est à dire et à redire aujourd'hui[1] !

À cette époque, les Pères de l'Église ont été confrontés à cette culture hellénistique qui dominait tout le bassin méditerranéen. Ils se sont évidemment aussi nourris de cette culture, de la réflexion sur le *logos* pour comprendre le christianisme comme un *logos*, c'est-à-dire la raison vraie de l'existence du monde. Et ils ont profondément réfléchi à cette question. Plus tard, à la fin de ce qu'on a appelé le Moyen Âge, la redécouverte des penseurs antiques, d'Aristote en particulier, a permis de réinterpréter la pensée chrétienne de façon très suggestive. On pense à saint Thomas d'Aquin, mais beaucoup d'autres intellectuels se sont lancés à ce moment-là pour réfléchir à partir de nouvelles bases : c'est le temps des réformes décrit par l'historien Pierre Chaunu. Je pense que c'est vraiment dans la tradition de l'Église de lire le monde à partir de ce qu'il produit en fait de culture et de réflexion.

Il n'est donc pas nouveau qu'un penseur comme François Jullien, nourri à la fois de culture

---

1. Actes des Apôtres 17.

hellénistique, mais aussi chinoise, pose un regard distancié sur l'apport du christianisme dans notre monde en plein bouleversement[1]. Il le fait, précise-t-il, sans poser le préalable de la foi chrétienne pour interpréter le monde. Il ne dit pas : « Je parle comme croyant » ou « Je parle comme non croyant ». Il dit en substance : « Je n'entre pas dans le préalable de la foi. Je ne prends pas comme nécessaire le préalable de la foi pour tirer du christianisme une richesse d'interprétations du monde. Je prends la pensée chrétienne pour ce qu'elle est et je ne cherche pas à intégrer une problématique théologique de la foi qui n'est pas mon domaine de recherche. Je parle en philosophe, je ne parle pas en théologien. »

Cette forme de pensée est une chance à saisir pour affûter notre intelligence du monde actuel ; pour aussi découvrir à nouveaux frais des facettes du christianisme que seul un analyste ayant pris une distance bienveillante avec lui peut voir et valoriser. La fréquentation de ce type de pensée est, oui, une chance à saisir. Cela peut en effet fournir à des chrétiens la possibilité de réfléchir librement à ce que peut apporter singulièrement le christianisme à notre société en plein bouleversement. « On ne comprend

1. François JULLIEN, *Ressources du christianisme*, Paris, L'Herne, 2018. Depuis, le même auteur a également écrit : *Dieu est décoïncidence*, Genève, Labor et Fides 2024. On lira un excellent entretien de l'auteur avec la rédaction des *Études*, n° 316, juin 2024, p. 67-78.

que par comparaison », disait Malraux pour expliquer pourquoi il rapprochait des œuvres d'art provenant de civilisations différentes. La comparaison, par François Jullien, du christianisme dans sa version purement cultuelle, voire métaphysique, avec la pensée traditionnelle chinoise et la philosophie grecque antique poursuit le même but, me semble-t-il. Elle montre en tout cas que faire un détour par d'autres cultures que la sienne permet d'exercer son esprit critique et d'acquérir une vision plus profonde, plus claire et plus nuancée de certaines réalités du monde. Quand on lit François Jullien, on n'a plus du tout le sentiment que le christianisme soit devenu un puits sec pour notre temps comme on l'entend dire. Au contraire, en le comparant à d'autres cultures, il fait apparaître un christianisme aux ressources parfois insoupçonnées et toujours fécondes.

Le christianisme est un signe d'altérité

Ainsi pour ce philosophe, au milieu de ce monde, le christianisme fait signe. Il s'obstine même à faire signe. De quoi ? De l'altérité, répond-il. Le christianisme oblige à penser l'altérité, la réalité de l'autre, la survenue de l'autre. Je pense à Levinas : le visage de l'autre apparaît comme ce qui n'est pas réductible à soi-même. Le visage de l'autre, je le vois par exemple dans la sculpture du créateur Nicolas Alquin qui est installée dans la cathédrale Notre-Dame-de-la-Treille à Lille. Je l'y ai introduite au moment du centenaire de la paix de 1918, sous l'appellation *La paix soit avec toi* ; c'est-à-dire : je veux entrer en relation avec toi et je veux ne pas te réduire à moi. Je refuse de te réduire à moi. Je te regarde, tu me dis quelque chose de toi et de moi que même moi je ne connaissais pas. Ta survenue dans mon histoire me provoque à te respecter absolument.

C'est ainsi que le christianisme fait signe de l'altérité parce qu'il propose, dans la culture, le visage de l'Autre absolu, et donc il invite à ne pas réduire l'humain, le mystère de l'Homme, aux constructions et à l'inventivité humaine. Il y a bien, dans notre vie, une dimension qui nous déborde, si l'on peut dire. Ce monde est pourtant celui où nous vivons et où nous ne pouvons pas pleinement nous enclore, nous situer. J'évoque ainsi le monde que nous expérimentons, le monde que nous mesurons sans relâche. La méthode scientifique mesure le monde, le quantifie, fait des expériences : l'esprit scientifique est né comme cela, c'est une belle et précieuse découverte du monde. Mais la tentation est de penser que, l'ayant mesuré, nous possédons le monde.

Quelque chose, cependant, déborde de ce progrès. L'exploration de ce monde, on l'a vu durant toute l'histoire du XXe siècle, et même avant, a été très performante : la conquête de l'espace, par exemple, a contribué à désacraliser le ciel. On se souvient de ce cosmonaute soviétique, athée, qui disait : « Dans l'espace, je n'ai pas rencontré Dieu. » C'est parabolique, d'une certaine façon, on a vidé le ciel de la présence de Dieu. Sauf que le psychiatre et aéronaute suisse, créateur de Solar Impulse, Bertrand Piccard, qui a fait le tour du monde en aéronef, disait en substance le contraire : « Je n'ai pas vu Dieu, mais tout ce que j'ai vu, fait penser à cette beauté de l'univers qui peut ne pas être accidentelle. » Ce qui veut dire que l'intelligence de la foi aujourd'hui ne peut pas être dissociée de ces découvertes, de ces remises en question d'un ordre qui était établi depuis des siècles.

C'est une prise en compte du réel des connaissances qui permet encore aujourd'hui de parler du ciel, du ciel habité par Dieu, à des contemporains qui peuvent estimer, eux, que Dieu n'est peut-être plus au ciel. Dire que le ciel est habité par Dieu, c'est dire plusieurs choses, notamment : Dieu et l'homme sont introduits en partenaires qui ont chacun leur champ de liberté. On peut en déduire ceci : aucun des deux n'est solitaire. Ni Dieu, ni l'homme ne sont solitaires. Nietzsche évoquait « le grand célibataire des mondes ». Nous ne croyons pas cela : Dieu n'est pas le grand célibataire des mondes, et l'homme n'est pas seul, perdu dans le vaste univers. Ils sont l'un en face de l'autre mais ils ont chacun un lieu de résidence ou plutôt d'existence. Ils ne cherchent pas à empiéter l'un sur l'autre ou à fusionner l'un avec l'autre : ils ont chacun leur lieu d'existence.

Quand le christianisme s'est frotté à l'hellénisme, explique François Jullien, il a ouvert l'hellénisme. Parce que l'hellénisme, pensant le monde et notamment la circularité du monde et du temps, parlait d'un monde en déperdition d'être. Tandis que le christianisme a introduit dans la pensée hellénique, en la subvertissant d'une certaine façon, la possibilité d'un advenir, d'un avenir. Une nouveauté. Un événement et un avènement possible.

Une vision positive de l'avenir

C'est magnifique ! Le christianisme apporte à l'humanité une vision positive de l'avenir face à beaucoup de pensées et de cultures peut-être plus pessimistes, et aujourd'hui même face à une idée communément répandue selon laquelle l'avenir n'est pas brillant. Quand on s'enferme sur soi-même, sur ses seules productions, l'avenir n'est certes pas très brillant, il devient trompeur. Au contraire, le christianisme apporte à l'humanité cette dose d'avenir, cette dose d'espérance que le monde n'est pas perdu[1]. Le

1. La bulle d'indiction du pape François pour l'Année sainte 2025 (9 mai 2024) développe fortement cette thématique.

monde est en combat, en crise, en difficulté permanents. Nous nous en rendons mieux compte aujourd'hui alors que nous sommes les contemporains d'un changement d'époque. Cette situation de crises récurrentes peut susciter naturellement de la défiance, de l'inquiétude, de la morosité, du désespoir même. Au contraire, la ressource primordiale et intrinsèque du christianisme est de susciter une espérance. Une espérance qui ne vient pas de nous seuls, mais de Dieu, dont l'espérance folle est celle de nous laisser libres de le suivre ou de le quitter.

Vie consommée ou vie donnée ?

François Jullien souligne un autre apport important du christianisme : sa réflexion sur la vie, la vie vivante, dit-il. Ce n'est pas une vie intensive comme le monde d'aujourd'hui voudrait nous la présenter : très remplie, consommatrice, pleine d'objets qui provoquent intensité d'agitation, d'excès aussi, de convoitise. La vitesse, la multiplication des sensations, la drogue ! Je pense à ce livre de Jérôme Garcin, *C'était tous les jours tempête*[1]. Il raconte l'histoire romantique du révolutionnaire Hérault de Séchelles, qui fut grand commissaire politique en Savoie, en

1. Jérôme Garcin, *C'était tous les jours tempête*, Paris, Gallimard, 2001.

1792. Quand la République française a conquis la Savoie, il a déployé une activité intense, une sorte de fureur de vivre. Hérault de Séchelles est un héros pré-romantique : pour lui, il fallait que la vie soit intense et même violente, « c'était tous les jours tempête ». L'histoire de sa vie est ébouriffante. Cette vie intense et intensive c'est la suractivité et on pourrait ajouter la surconsommation de notre époque moderne.

La vie vivante, ressourcée par François Jullien, c'est une vie expansive, c'est-à-dire une vie qui se donne. Et c'est une richesse du christianisme que de présenter une forme de vie qui soit autre chose que celle de la consommation, de la suractivité, de la surenchère, de la violence des passions. C'est une vie qui se donne. Ce que nous présentons comme modèle de la vie, comme bonheur de la vie à travers la vie et la mort de Jésus, c'est la réussite d'une vie qui trouve dans le don d'elle-même aux autres sa vraie source de joie. Cette « joie parfaite », dont parlait saint François d'Assise à ses frères mineurs, et qui s'abreuve à la Parole de Dieu comme à une fontaine d'eau claire et limpide. *Je vous ai dit cela pour que ma joie soit en vous, et que votre joie soit parfaite*, confie Jésus à ses disciples[1].

Voilà la vie vivante : c'est une vie donnée et qui se donne librement. Dieu libre venant ainsi à notre

1. Jean 15, 11.

rencontre, pour nous rejoindre et regarder l'avenir avec nous.

Retenons donc cette triple leçon, les ressources que François Jullien a repérées dans le message chrétien : le goût de l'altérité, la vision positive de l'avenir et la vie vivante. Ces repères ouvrent un champ à la liberté, à l'avenir de la vie dont le bonheur s'accomplit dans le don et non pas dans la conquête : ne sont-ce pas là des cadeaux extraordinaires offerts par le christianisme ?

Il nous revient, à nous chrétiens, d'animer et de partager cette vision, même devant ceux qui n'entrent pas dans la démarche croyante. Il existe un champ culturel d'essence chrétienne qui est à refaire bourgeonner, un champ prometteur, si l'on considère avec attention cette nouvelle demande de sacrements qui apparaît chez ces adultes qui se tournent en nombre croissant vers la foi chrétienne.

Ouvrir de nouveaux champs de dialogue avec le monde actuel

Mais pour partager cette vision encore faut-il savoir parler les mêmes langues que nos contemporains. Le cardinal Jean-Claude Hollerich, archevêque de Luxembourg et secrétaire du synode de 2023-2024, affirmait : « Notre problème aujourd'hui, c'est qu'il n'est pas question de toucher à notre anthropologie, ou de la remettre en question, c'est qu'elle est incomprise. Dès lors nous avons à travailler énormément en vue d'en parler autrement[1]. » Dans le dialogue avec les cultures contemporaines, comment réagir ? À l'évidence, il faut y réfléchir vite et sérieusement, car nous ne pouvons pas parler une langue étrangère et incompréhensible aux populations auxquelles nous nous adressons : quand nous exprimons que pour nous la vie est un don, c'est une réalité que nos contemporains peuvent entendre, même s'ils ne sont pas d'accord. Même s'ils pensent que l'homme d'aujourd'hui est devenu maître de sa vie, ils peuvent entendre une autre lecture argumentée qui affirme que la vie est un don : c'est un langage audible.

Faut-il aborder les critiques visant certaines prises de position du pape François, souvent accusé de faire de la politique ? Je rappelle au passage qu'il exprime une grande continuité par rapport à ses prédécesseurs. Mais ses interventions sur des sujets sensibles, comme le sort indigne réservé en Europe aux migrants, sont violemment critiquées. Acceptera-t-on pourtant d'opérer une clarification sur le rapport foi/politique ?

Il faut alors rappeler que l'option religieuse, c'est-à-dire le choix de la foi, est un choix personnel, un

1. Lire sur le site du Vatican l'interview du cardinal HOLLERICH, « Le Synode doit être uni pour servir Dieu et les hommes », 27 avril 2023.

choix de conscience, un choix sur lequel chacun est appelé à se prononcer et à déterminer ses propres engagements. C'est un choix de conscience, un choix privé et libre. Les trois aspects de la liberté religieuse sont : croire, ne pas croire, changer de religion et d'option de la pensée.

Ce choix privé a inévitablement des conséquences sociales, qui se traduisent plus ou moins publiquement dans l'expression ou la pratique du culte. L'Église reconnaît la possibilité de changement d'option. Elle le fait en référence au concile Vatican II, qui dit : « chacun est appelé à chercher la vérité et à s'y conformer ». Enfin, chaque adhésion religieuse se traduit en général par une conception éthique de la vie. Conception de la vie, conception de la mort, conception de la famille, conception du mariage, conception de la liberté et des libertés publiques. Que serait une religion qui n'aurait pas de conséquences sociales ? Cela paraît tout à fait invraisemblable. C'est donc au nom de leur foi que beaucoup sont entrés en résistance, lorsque les droits minimaux n'étaient pas respectés. Il en est ainsi de tout temps, depuis Moïse jusqu'à aujourd'hui. Dans nos sociétés sécularisées et multiculturelles, nous comprenons que nous n'exerçons plus la maîtrise des comportements, toutefois nous ne pouvons pas nous empêcher de parler quand les droits sont bafoués. Quand des choix politiques et sociaux semblent assombrir l'avenir, par exemple, les inquiétudes concernant l'écologie, l'usage immodéré des ressources de la Terre, ou la menace nucléaire.

Prenons un exemple avec un recul objectif. Lorsque le pape Benoît XV, pape de 1914 à 1922, au nom de la foi catholique et de l'universalité de l'Église, prêchait aux Français et aux Allemands de se réconcilier, et que ni les uns ni les autres ne semblaient prêts à l'écouter, manifestement il était accusé de faire de la politique par tous. Ce n'est donc pas nouveau. Je pense qu'il ne prenait pas la défense d'un parti, il s'y refusait, mais il essayait de dire les exigences, liées à l'universalité de l'Église et au message chrétien qui appelle les hommes à penser leur avenir en termes d'unité de la famille humaine. C'était très courageux et il en a souffert, il a été incompris.

Peut-on en déduire que le chrétien engagé en politique doit considérer qu'il peut être incompris, qu'il n'entre pas dans des logiques partisanes ou stratégiques ? Le chrétien laïc, quand il fait de la politique, s'il veut que des idées progressent, est bien obligé de choisir une orientation, un courant éthique. Peut-il procéder autrement ? Il lui revient de garder un libre arbitre qui, parfois, le contraint à quitter un parti qui ne lui convient plus, qui l'oblige à accepter une opinion contraire. Ce n'est pas très simple, c'est pour cela qu'il faut que les engagés chrétiens soient bien capables de rester libres.

Dans cet état d'esprit, des chrétiens élus politiques se rencontrent régulièrement à la basilique Sainte-Clotilde à Paris, et parfois en présence de l'archevêque. Je me souviens de ce député satisfait de participer à un tel moment, mais qui n'en avait pas moins été en désaccord avec les propos tenus par l'archevêque ! Mais il a écouté quand même, et puis il s'est exprimé librement. Il a exercé son libre arbitre par rapport à l'archevêque aussi. Je n'ai pas dit pour autant qu'il faille se complaire à être en désaccord avec l'archevêque… !

J'aime que ce lieu d'échanges soit justement un lieu de liberté. Je me souviens d'un autre parlementaire qui s'était ému que l'archevêque invitât les élus de tous bords confondus à la messe ! Je pense que la liberté de chacun, la mienne et la sienne, sont appelées dans les deux cas : je l'invite, sa liberté consiste à ne pas venir, s'il ne le souhaite pas, sans considérer avec dérision ceux qui viennent. Quand l'archevêque invite largement, on ne peut pas dire que l'intolérance soit de son côté !

Je m'inquiète de la fragmentation de l'opinion. Certes, le cardinal Hollerich a raison de dire que la foi que nous professons a du mal à être écoutée. Certes, il convient de travailler notre vocabulaire, mais en même temps je ne sais pas qui, dans la société française actuelle, peut oser émettre une opinion sans envisager qu'elle puisse être d'emblée inaudible pour d'autres ! L'opinion est effectivement très morcelée. Je vois là un danger, celui de nous rendre très dépendants, dans la vie publique, de positions qui s'affirmeront avec force et violence, et de solutions qui risquent d'être de court terme. Je crois vraiment que la politique est une affaire de long terme, elle doit veiller à ne pas être fondée sur des émotions vives et passagères. De ce point de vue, le maniement permanent des sondages apparaît de plus en plus comme une concentration sur un moment très court dans une phase d'actualité : c'est l'immédiateté qui impose sa loi. On en vient à un maniement des sondages sous forme d'intimidation. On nous dit : tout le monde pense comme cela ! Est-ce vraiment la liberté ? Posons la question. Le projet politique s'inscrit dans le long terme. Ne nous laissons pas enfermer dans le court terme changeant ! Prenons le temps de l'échange, de vrais dialogues.

Éveiller et former un « appétit » pour le dialogue

Formons-nous assez les catholiques au goût de l'espérance et à la liberté de jugement ? Voilà une perspective urgente, déterminante pour l'avenir du christianisme ! Éduquer les baptisés, développer chez eux un certain rapport ajusté à la volonté divine : comment obéir aux appels de Dieu ? Et peut-on leur obéir dans notre société moderne ? Il y a toujours eu des chrétiens résistants faisant face aux imprévus de l'histoire et aux rejets des libertés. Mais les temps ont changé. Nous sommes en train de changer d'époque ! De nos jours, c'est donc à une nouvelle liberté de jugement, à un nouvel esprit critique et à un nouvel esprit d'initiative qu'il faut nous former. Dans le contexte actuel social et culturel, on voit bien qu'avant de poser des actes, il est primordial d'écouter, d'expliquer et de dialoguer. Sans ce préalable, pourrait-on évangéliser dans la rue ? On apprend par cette expérience à construire tant bien que mal une véritable rencontre humaine, à écouter plus qu'à imposer une interprétation personnelle, une solution arbitraire et impatiente. Pareille expérience nous convoque à résoudre une problématique incontournable : celle de former, éduquer, éveiller ce type de comportement de manière spécifique et évangélique. C'est un travail de recherche et d'approfondissement indispensable pour vivre la mission de l'Église dans le monde qui vient et germe sous nos yeux.

Je le sais : un nombre non négligeable de catholiques relègue cette nécessité de formation à un rang secondaire. Ils pensent que seul le témoignage importe et peut porter du fruit. Je réponds : oui et non, car tout dépend de la structure et de la substance du témoignage. J'ai parfois entendu dire qu'un travail de recherche intellectuelle et théologique n'était pas nécessaire à la foi. Je crois que la foi chrétienne, pour trouver sa place et avoir de la pertinence dans une société devenue « inchrétienne » comme disait déjà Charles Péguy, a impérieusement besoin d'être soutenue par un milieu qui entretienne le goût de la recherche et de l'approfondissement. Et en ce domaine, il reste encore beaucoup à faire !

Aujourd'hui, tant de questions nouvelles nous rattrapent jour après jour. Je pense, par exemple, au développement fulgurant de la pointe du numérique, c'est-à-dire de l'intelligence artificielle… Or, le savoir est tellement éclaté qu'il est légitime que des recherches soient menées dans tous les domaines. Mais chacun est obligé pour rendre compte des fruits de sa recherche, d'expliciter ses arguments, et d'abord sa méthode. C'est là une ascèse difficile ! Et apprendre à dialoguer est un exercice ardu qui nécessite une formation préalable.

La théologie est bien entendu concernée par cette nécessité de formation. C'est un domaine où on ne peut pas dire qu'il n'y ait plus personne ! Bien des chrétiens, seuls ou en équipes, s'adonnent aux recherches théologiques et préparent de multiples thèses universitaires. Le savoir doit sans cesse être renouvelé, sans relâche enrichi. Il ne faut pas avoir peur d'actualiser ses connaissances. Une formation théologique, par exemple, a l'avantage de donner du champ, du recul pour rendre quelqu'un plus disponible à une meilleure compréhension des évolutions rapides de notre société et de notre culture. Elle favorise la réception des nouveautés et des innovations qui ne manquent pas : elles sont comme des étapes à franchir. Mais soyons aussi réalistes : on ne peut pas, on ne doit pas transformer tous les chrétiens en chercheurs théologiens ! Il faut discerner avec appétit les richesses qu'apporte notre époque et être à l'affût des questions nouvelles qu'elle pose. C'est une chance pour l'Église de participer ainsi à ce grand mouvement de curiosité intellectuelle, sans refuser le pluralisme caractéristique de la société moderne. Toutefois, soulignons un aspect contraignant auquel on ne peut échapper : les questions se renouvellent à un rythme frénétique, une question chassant l'autre à grande vitesse !

Les universités catholiques participent à ce travail d'approfondissement des questions nouvelles. Elles essaient de se mettre en relation avec les institutions civiles et les laboratoires de recherche. Sur le plateau de Saclay, par exemple, les diocèses d'Île-de-France et les Jésuites ont ouvert le Centre Teilhard de Chardin destiné à accueillir des chercheurs. Des chaires nouvelles se sont également ouvertes dans les universités catholiques : par exemple, la chaire « Sciences, technosciences et foi à l'heure de l'écologie intégrale », de mon ami le père Thierry Magnin, ouverte en 2021 à l'Institut catholique de Lille.

Les chrétiens désireux d'annoncer Jésus dans la rue et ceux qui privilégient une évangélisation plus intellectuelle sont les uns et les autres remis en question par les évolutions de notre temps. Tous doivent, paradoxalement, développer une réflexion, une activité de la pensée qui se laisse interroger par la rencontre des personnes et les idées nouvelles ! Le chrétien de base ne le sait peut-être pas mais, depuis longtemps, au Vatican, des académies pontificales travaillent sur un certain nombre de sujets scientifiques et éthiques. Leurs membres sont des scientifiques de haut niveau, nommés par le pape, et ils ne sont pas tous catholiques. Ces chercheurs éminents représentent des disciplines et des horizons divers. Leur participation à ces instances d'études et de recherche témoigne que l'Église catholique continue de fonder sa confiance dans l'activité scientifique. Ils travaillent sur des sujets qui n'intéressent pas seulement la communauté des croyants mais, plus largement, l'opinion publique. Ces dialogues entre chercheurs, entre intellectuels, sont importants car nous sentons bien que nous sommes entrés dans un temps de grande incertitude.

Parler des fins dernières sous le regard de la fraternité

Nous changeons d'époque, dit souvent le pape François, et ce changement de civilisation génère naturellement des affolements, des exaspérations et des inquiétudes dans la population. Comment, dans ce contexte précaire, aborder le thème des « fins dernières » ? Un constat s'impose : plus personne ne détient dans notre société de monopole anthropologique. Cette situation implique de la part des instances pourvoyeuses de sens, en l'occurrence l'Église, un effort important d'explication. On le voit durant cette longue séquence du débat sur la fin de vie en France. Les discussions législatives témoignent de l'importance accordée à ce sujet, et des explications et des hésitations légitimes qu'il suscite. Je l'ai moi-même perçu en me rendant à la convention citoyenne sur la fin de vie organisée en décembre 2022.

Il n'y a plus d'anthropologie commune. Mais quand même nous avons souligné la parole des soignants : donner la mort n'est pas un soin. Ils l'ont affirmé lors d'une des séances de cette convention sur la fin de vie. J'ai pu dialoguer avec certains membres, je l'ai déjà souligné, je sais que certains membres furent insensibles à ces arguments mais d'autres acceptèrent de reconnaître avec émotion qu'ils étaient questionnés par les propos entendus. Oui, quand on propose cet acte aux soignants, ils se révoltent en disant : ce n'est pas notre métier ! Et nous rappelons que dans l'Évangile, Jésus ne cesse de guérir, de soigner, de faire vivre et revivre. Sans chercher un témoin lointain, la pédiatre et psychanalyste Françoise Dolto a beaucoup exprimé cela. Elle a beaucoup rappelé que l'Évangile était le lieu de la vie offerte et non de la vie supprimée. Les soignants, qui vivent d'une certaine manière, par leurs paroles et leurs gestes, au seuil du ciel, témoignent que leur expérience n'est pas réservée aux croyants, mais que leur lutte pied à pied pour que la vie gagne, même s'ils savent très bien qu'à la fin, la vie biologique perd, contient une espérance fondamentale. Ils expérimentent que la vie vivante peut être protégée jusqu'à ce que la vie biologique soit obligée de rendre les armes. C'est quand même humainement très délicat et très réconfortant que des soignants puissent dire : quelle que soit la foi des soignants et des malades, la vie demeure un don mystérieux où la maîtrise technicienne est interrogée par la conscience.

Un autre champ est à explorer, c'est le champ de la fraternité, une autre expression du don de soi, parce qu'il y a une demande forte de l'humanité d'aujourd'hui, de développer cette potentialité. Or la fraternité, c'est aussi la promesse du Christ, c'est le dépassement : le Christ dépasse la clôture de l'espace terrestre puisqu'il appelle à ressusciter dans la vie avec le Père. Ressusciter dans la vie avec le Père, cela veut dire accepter d'être ses enfants, rechercher et construire entre nous des relations authentiques de frères et sœurs. Le langage de la fraternité, valeur recherchée du monde contemporain, est un vecteur fort de parole, d'engagement et d'annonce d'une espérance.

Nous ne sommes pas sans ressources pour parler de la vie d'après et pour remettre le ciel au centre de nos interrogations, pour lever les yeux sans nous enfermer dans la réalisation de soi-même, l'autoréalisation, et envisager le don de soi qui dépasse, qui va au-delà de la vie terrestre, sans nous enfermer dans cet horizon insuffisant du développement personnel !

En fixant du regard le ciel, osons regarder la question des funérailles. Est-il vrai que l'Église se soit dessaisie des funérailles et de l'accompagnement des familles en deuil ? Je ne le crois pas. Devant la diminution du nombre des prêtres, nous avons formé des laïcs à ce service et il faut encore approfondir cette formation qui exige un engagement personnel qui peut être éprouvant. De nombreuses équipes existent dont les membres s'efforcent à accueillir avec justesse, à consoler, à préparer une prière et une célébration, à parler de la vie espérée, réconciliée, ressuscitée auprès de Dieu. Lors du covid, il y eut de grandes plaintes de ne pas pouvoir célébrer avec des assemblées ; les prêtres ont été presque les seuls à pouvoir assurer le service, et ils y ont apporté une grande attention. À Paris, le Service catholique des funérailles, cette agence funéraire qui est explicitement catholique, rend beaucoup de services, dans beaucoup de paroisses. Son objectif est l'accompagnement des familles dans l'humilité, le dialogue, la compassion et l'espérance.

Certes, nous vivons une évolution sociale par rapport à la mort. Il faut relire l'historien Philippe Ariès et son *Essai sur l'histoire de la mort en Occident*[1]. Le langage sur la mort a disparu de notre culture. Ce qu'on appelait « la bonne mort », caractérisée par le fait qu'on mourait chez soi et entouré de ses proches, n'est plus qu'une exception.

De nos jours, la sectorisation de la mort la marginalise. Il ne s'agit pas de mettre en cause les accompagnateurs de ces moments, ils font ce qu'ils peuvent, du mieux qu'ils peuvent. Mais nous vivons dans une société qui a décidé de sectoriser la mort. Celle-ci est confinée dans des endroits périphériques éloignés des centres vitaux de la société. Les milieux chrétiens ont été des acteurs du développement des soins palliatifs. On se souvient de Saint-Christopher à Londres, cette clinique où des médecins ont inventé ce concept des soins palliatifs, par l'écoute des patients, pour

1. Philippe Ariès, *Essai sur l'histoire de la mort en Occident*, Paris, Seuil, 1975.

prévenir la douleur. Quand on commence à sentir de petits effets de la douleur, on médicamente, pour qu'elle ne prenne pas tout le champ de la conscience, avant qu'elle ne se développe. Quand on arrive à la localiser, à la percevoir avant qu'elle n'augmente, on la maîtrise et on permet au patient de vivre autrement. En France, de la même façon, cette pratique s'est beaucoup répandue grâce à des institutions chrétiennes. Mais pas uniquement, parce que l'enrichissement humaniste de l'approche de la mort est patent.

Je me réfère à l'exemple lillois que j'ai bien connu. Quand a été créé l'hôpital Jean XXIII, à Lomme, dans la banlieue de Lille en 2010, reprenant l'activité d'une autre maison médicale, celles des sœurs Oblates de l'Eucharistie, l'offre chrétienne de soins palliatifs à l'hôpital Jean XXIII et à l'hôpital Saint-Vincent représentait la moitié de l'offre des soins palliatifs dans l'agglomération lilloise. L'Église a été contributrice, et elle a ainsi soutenu un développement de l'offre extrêmement important. La conscience présente milite désormais pour les soins palliatifs et leur plein développement. À Paris, la Maison Jeanne Garnier est connue comme un établissement de soins palliatifs où l'on trouve la vie vivante dans l'accompagnement fraternel jusqu'aux derniers instants.

Dans ce contexte, on constate néanmoins l'attente, la demande d'un rite. Même si la réalité tend inévitablement à dissimuler la mort et tout rite. Il faut tenir compte aussi du développement de l'incinération. On a caché la mort, mais quand les proches peuvent constater l'apaisement que provoque ce qu'on appelait autrefois la bonne mort, c'est-à-dire la mort entourée, consciente, à laquelle on se prépare, « l'au revoir mes amis, l'au revoir mes enfants », c'est une magnifique expression d'humanité. Et on ne l'oublie jamais. Certes c'est de plus en plus rarement le cas. Quand cet au revoir manque, ce peut être très violent : prenons conscience de ce qu'expriment certaines personnes en parlant de la mort, en évoquant le départ des êtres chers entourés « paisiblement ». Quand cela arrive, cela marque pour longtemps. Une fin paisible… cela ne veut pas dire qu'il n'y a pas eu de maladie, qu'il n'y a pas eu de douleur : mais offrir un rite de passage, à la fois doux et paisible est une consolation profonde et véritable.

En ces occasions particulières et rares dans une vie, le soin apporté à la liturgie est alors primordial. Et le langage de l'Évangile doit pouvoir être entendu dans la liturgie, par sa simplicité et sa beauté. L'amitié du Christ se rend ici bien visible.

La joie du croyant

Je me rappelle ces fameux entretiens radiophoniques de Jacques Chancel dans Radioscopie sur France Inter dans les années 1970. Il concluait ses émissions en demandant à son invité : « Et Dieu dans tout ça ? » C'est une question qu'on ne pose plus guère dans les entretiens d'aujourd'hui. Les temps ont changé.

« Agir, c'est évoquer d'autres forces, c'est appeler d'autres moi[1]. » Cette observation de Maurice Blondel révèle ce mouvement de l'action humaine qui sans cesse se développe en élargissant son champ. Cette notion d'interdépendance de nos actes, est-ce que la réaction écologique serait capable de la réintroduire dans les consciences ? « Tout est lié », répète inlassablement le pape François dans l'encyclique *Laudato Si'*. En effet, nous ne pouvons pas agir sans que nos actes, même les plus petits, aient des conséquences. Sur l'univers dans lequel nous vivons, sur cette terre où nous posons les pieds, nous ne pouvons pas vivre non plus sans rechercher où sont les réactions, les conséquences, les séquelles spirituelles de notre action. Si cela n'est pas perçu, l'homme se vide complètement

1. Maurice Blondel, *L'action* (1893), Paris, PUF, 1950, p. 239.

de tout horizon. Nietzsche aussi le disait à sa façon : « Dieu est mort et c'est nous qui l'avons tué. Comment avons-nous pu vider la mer ? Qui nous a donné une éponge pour effacer tout l'horizon[1] ? »

C'est ainsi qu'on ouvre la porte à la désespérance, une voie où l'homme ne peut trouver sa mesure, un bonheur. Ensuite chacun répond, à sa façon, et peut dire non. Mais la question demeure possible. Maurice Blondel, déployant son analyse minutieuse de l'action en vient à poser « l'inévitable transcendance de l'action humaine[2] ». Prendre appui de cette manière sur l'immersion de la transcendance dans l'action, est-ce mettre en cause notre laïcité qui exige que l'on se taise sur tout questionnement religieux ? Peut-on encore prononcer le nom de Dieu quelque part ? Faut-il en conclure qu'on ne peut plus regarder au-delà de soi-même ? C'est là une grande et grave question posée à notre société.

Pourtant, rien ne pourra m'empêcher de témoigner de la liberté de Dieu dont j'ai expliqué dans ce livre qu'elle fécondait ma joie d'être croyant. Cette joie de croire, dont j'ai fait ma devise épiscopale, j'aimerais en récapituler brièvement, avant de poser le point final, le sens, le prix et la mission. Ceux, en tout cas que je lui donne dans ma vie de baptisé, de prêtre et d'évêque.

---

1. Frédéric NIETZSCHE, *Le gai savoir*, livre III, n° 125.
2. Maurice BLONDEL, *op. cit.*, p. 339 et suivantes (quatrième partie, I. Le conflit, 3e moment : l'unique nécessaire).

La joie de croire, ce n'est pas le plaisir du succès, ni le résultat des batailles idéologiques. C'est la confiance dans une parole qui est semée dans le cœur et qui grandit. Je pense à la parabole connue : *Il en va du royaume de Dieu comme d'un homme qui jette en terre la semence. Nuit et jour, qu'il dorme ou qu'il se lève, la semence germe et grandit, il ne sait comment*[1]. Là est le fondement de la joie de croire. Il faut semer. Le semeur c'est Jésus évidemment, mais nous sommes ses coopérateurs. Benoît XVI s'était présenté lors de son élection comme n'étant qu'un « humble et simple travailleur dans la vigne du Seigneur[2] ». C'est l'étonnant mystère de Dieu. L'interrogation fondamentale pour moi, je l'ai répété souvent dans ces pages, c'est de discerner la liberté que Dieu m'appelle à vivre. Comment vérifier que l'appel que j'entends et que je perçois vient de Dieu ? Telle est en permanence l'histoire des discernements : comment savoir que cet appel vient de Dieu et comment lui répondre le plus librement possible ?

La joie de croire peut-elle apparaître comme une fuite en avant ? Je ne le pense pas. Je ne sous-estime pas les conditions nécessaires pour reconnaître et identifier l'appel, il ne se détecte pas tout seul, c'est la première règle. Partir avec une mission impérieuse en disant : « Le Saint-Esprit m'a dit », c'est le risque

1. Marc 4, 26-27.
2. Le jour de son élection, le 19 avril 2005.

d'entraîner sur des chemins mauvais, des chemins mondains de pouvoir, des chemins qui se perdent. Sans règle, sans contre-pouvoir, sans loi qu'on respecte pour la vie avec les autres, sans accueil du don de Dieu fait aussi aux autres, tout projet se délite. Le père Guy Gilbert l'a souvent exprimé : « Moi, je suis un peu franc-tireur, c'est vrai, je suis sur des brèches, sur des marges, mais je reste accroché à une équipe, je reste attaché à la Parole de Dieu, à la célébration de la liturgie, à un monastère où je vais régulièrement pour refaire mes forces et me remettre dans le fil de la vie de l'Église et dans le fil de la prédication de l'Église, je suis prêtre parmi les autres. »

Seuls, certains partent, tout seuls, se croyant investis de pouvoirs particuliers ou même extraordinaires. On est à peu près sûr que cela conduira à des dominations et à des abus de pouvoir. Accepter humblement les tâches quotidiennes, les plus petites actions, est préférable. Comme ce fut le cas pour de nombreux saints.

La discrétion, une autre expression de vie religieuse, appelle à se laisser conduire par le jugement de l'Église. Apprendre à être libre, apprendre à témoigner de la liberté de Dieu qui ne cesse de nous appeler jour après jour. Ce n'est pas tout à fait un programme, ce n'est pas une action de nature politique ou organisationnelle dans la vie de la société, mais c'est une attitude, une façon d'être un de ces signes de cette grande liberté que Dieu a de nous aimer et de vouloir que son amour atteigne tout homme et toute femme.

Dans le monde d'aujourd'hui, nous semblons tous tellement programmés, contraints de rechercher la culture de la réussite sociale en tous domaines. Et nous nous trouvons face à de douloureuses déceptions si nous ne correspondons pas à ces critères de réussite. C'est pourquoi il est bon que des personnes se lèvent et montrent que ce qui était prévu pour elles n'est pas ce qui va leur arriver. Tout d'un coup elles disent : *Je sors de ce désir d'avoir une vie de réussite sociale pour être libre, capable d'écouter davantage la petite voix du Seigneur et celle des hommes qui appellent à les servir.* Voilà des témoins de la liberté de Dieu.

Il ne s'agit pas d'errer à l'aventure sans aucun guide. Les conditions préalables à la Parole de Dieu sont certes exigeantes. Accepter d'écouter la Parole de Dieu, de méditer l'Écriture et la mettre en relation avec les événements, essayer d'en percer le secret, c'est essayer d'être fidèle dans une vie où l'on sait qu'on ne réussit pas tout et qu'on est parfois en échec avec ce qu'on avait voulu.

Écouter la Parole de Dieu et fidèlement se souvenir de ce que dit saint Paul : *Le bien que je voudrais, je ne le fais pas, et le mal que je ne veux pas, je le fais*[1].

1. Romains 7, 19.

Le prophète Michée résumait ainsi la mission du pèlerin de l'espérance : *Homme, on t'a fait connaître ce qui est bien, ce que le Seigneur réclame de toi : rien d'autre que respecter le droit, aimer la fidélité et marcher humblement avec ton Dieu*[1].

Ma joie ? Vous l'aurez compris sûrement, amis lecteurs : elle est de témoigner de la liberté de Dieu. Cette liberté qu'il prend, lui, de nous aimer. Cette liberté qu'il nous donne de le laisser de côté ou de l'aimer et de le suivre. Les chrétiens sont des missionnaires de la liberté de Dieu qui offre à chacune et à chacun, s'ils le désirent de tout leur cœur, de toute leur âme et de toute leur pensée, d'être à leur tour pleinement libres dans la vie de ce monde.

1. Michée 6, 8.

Remerciements

Rien de ce que l'on vient de lire n'aurait pu venir au jour sans l'aide précieuse de Jean-Marie, Michel, Anne, Isabelle, Catherine, Ludovica, Jean-Christophe, Nicolas et Laurent. Pendant des mois, ils ont écouté, transcrit, corrigé, fait des suggestions et relu patiemment, avec une immense disponibilité. Je les remercie chaleureusement et je rends grâce à Dieu de tout ce dévouement que j'ai trouvé chez eux, comme chez tant d'autres dont les conversations et l'exemple de vie ne cessent de m'inspirer.

Table des matières

Imprimé en France

Achevé d'imprimer
sur les presses de la Nouvelle Imprimerie Laballery
58500 Clamecy

Composition : Nord Compo
N° d'imprimeur : 409692

Achevé d'imprimer : octobre 2024
Dépôt légal : novembre 2024